NORBERT PAUTNER

Dieses Buch ist das geheime Zauberereigentum von:

. . . .

ISBN: 978-3-8094-4793-1

1. Auflage

Die Tricks in diesem Buch wurden so ausgewählt, dass sie keine bestehenden Rechte verletzen bzw. eigene Varianten altbekannter Prinzipien darstellen. Sollte sich trotz ausführlicher Recherche im Vorfeld eine unbeabsichtigte Übereinstimmung mit einem geschützten Trick ergeben haben, bitten wir dies zu entschuldigen – der Urheber möge sich dann bitte mit Autor oder Verlag in Verbindung setzten.

Idee und Gesamtgestaltung: Norbert Pautner, Berlin
Projektleitung: Birte Dittmann
Herstellung: Karin Herres

Druck und Bindung: TBB, a.s., Slovakia
Printed in Slovakia

Penguin Random House Verlagsgruppe FSC® N001967

Inhaltsverzeichnis

Deine Zaubershow

Basteln, üben, zaubern

Möchtest du zaubern können? Sachen herbeiwünschen, verwandeln und verschwinden lassen? Dann gibt es eine schlechte und eine gute Nachricht für dich. Zuerst die schlechte: So etwas wie Zauberei gibt es nicht. Und nun die gute: Mit etwas Geschick und Geduld kannst du es so aussehen lassen, als gäbe es sie doch. Dieses Buch hilft dir dabei. Es zeigt dir, wie du die Tricks für drei kleine Zaubershows basteln (und aufführen) kannst.

Basteln und zaubern

Dieses Buch ist für Kinder (und Erwachsene), die schon gut basteln können. Denn manche Sachen sind ziemlich knifflig herzustellen, und manchmal brauchst du vielleicht auch etwas Unterstützung deiner Freunde, Geschwister oder Eltern. Vor allem solltest du schon wissen, wie man Vorlagen überträgt und wie man etwas mit einem Lineal ausmisst.

Viele große Zauberer sind auch große Bastler. Denn wenn sie eine Idee für einen neuen Trick haben, dann können sie nicht einfach in einen Zauberladen gehen und ihre Requisiten dort kaufen. Requisiten nennt man die für die Aufführung eines Tricks benötigten Dinge. Und in Zauberläden kann man übrigens nur Tricks kaufen, die es schon gibt. Also tüfteln und basteln die Zauberer so lange, bis der Trick klappt und sie das Publikum damit gut unterhalten können.

Zaubern ist vor allem eine Unterhaltungskunst. Denn in Wirklichkeit verzauberst du nicht irgendwelche Tücher, Spielkarten oder Kristallkugeln, sondern dein Publikum. Ein Teil dieser Unterhaltung besteht sicherlich darin, dass die Zuschauer rätseln, wie der Trick funktioniert. Aber der andere, vielleicht sogar wichtigere Teil ist die Geschichte, die du während der Vorführung erzählst. Das musst du nicht unbedingt mit vielen Wörtern tun, auch Gesten und Gesichtsausdrücke können schon ausreichen.

Denn wenn du eine Geschichte erzählst, dann spricht das die Phantasie deiner Zuschauer an. Diese stellen sich automatisch Dinge vor, die sie eigentlich gar nicht sehen können. Das ist natürlich sehr hilfreich, wenn man Zaubertricks vorführt.

Übrigens: Wenn du dem Publikum die Tricks verrätst, zerstörst du einen großen Teil des Zaubers, den du mit viel Mühe aufgebaut hast.

So funktioniert dieses Buch:

Aus dem **Text am Anfang** erfährst du, in welchem Zusammenhang der Trick mit der Geschichte für deine Show steht.

Auf einem „Holzbrett“ siehst du abgebildet, welche **Materialien** du für die Herstellung und die Vorführung des Tricks benötigst. Falls du eine Vorlage benötigst, steht hier auch, auf welcher Seite du sie findest. Dein ganz normales Bastelwerkzeug wie Farbe, Schere und Klebstoff wird aber nicht extra erwähnt.

Ein **Foto** zeigt dir, wie die fertige Requisite für den Trick aussieht.

Hier wird die **Aufführung des Tricks** aus der Sicht des Publikums beschrieben. So hast du schon einmal einen ersten Eindruck von diesem Trick, erfährst aber auch, wobei es bei der Präsentation ankommt.

Nach der Materialliste findest du eine **Anleitung zum Basteln**. Bilder und Texte zeigen dir Schritt für Schritt, wie es geht.

Falls eine Anleitung auf der nächsten Seite fortgesetzt wird, findest du am Seitenrand dieses **Symbol**:

Hier wird dir erklärt, **wie der Trick funktioniert**. Du erfährst etwas über das Prinzip, das den Trick möglich macht, bekommst aber auch Hinweise zur Aufführung.

In den **Sprechblasen** findest du Anregungen für die Geschichten, die es zu den Tricks zu erzählen gibt. Du musst diese Texte nicht auswendig lernen – besser ist es, du erzählst in deinen eigenen Worten. Auch ist nicht immer die ganze Geschichte zum Trick erzählt, sondern oft nur der Anfang, damit der Trick sozusagen „ins Rollen kommt“.

Alle **Vorlagen**, die du zum Basteln brauchst, findest du hinten im Buch ab Seite 58 oder als Download unter https://www.penguin.de/bassermann/zaubershow_basteln.

Dieses Buch ist übrigens gleichermaßen für Mädchen und Jungs, denn mit etwas Übung und Geduld kann jeder zaubern lernen. Manchmal ist es aber ein bisschen schwer, die Texte so zu schreiben, dass beide, Mädchen und Jungs, angesprochen werden. Darum baut ihr die Zaubertexte am besten einfach so um, dass sie gut zu euch passen.

Deine Bühne

Die goldene Regel lautet: Du stehst, das Publikum sitzt. So haben die Zuschauer genau den richtigen Blickwinkel auf deine Vorführung. Sie sollten nur vor dir, nicht neben und schon gar nicht hinter dir sitzen. Sonst bekommen sie Dinge zu sehen, die sie nichts angehen.

Am besten stehst du vor einem dunklen, möglichst schwarzen Hintergrund. Die Beleuchtung sollte von vorne, gerne schräg von oben kommen. Eventuell steht noch eine zweite Lichtquelle hinter dir, so dass du ein wenig im Gegenlicht stehst. Das musst du ausprobieren.

Der Zaubertisch

Der Tisch ist deine eigentliche Bühne. Hier findet alles statt, hier liegen deine wichtigsten Requisiten und dein Zauberstab. Und du kannst Dinge dahinter oder darunter verschwinden lassen, die das Publikum nicht sehen soll.

Die Oberfläche deines Tisches ist am besten dunkel und rutschfest. Dafür breitest du eine passende Tischdecke auf dem Tisch aus und legst am besten noch ein schwarzes Stück Teppichboden mit kurzem Flor darauf. Das ist dann schon sehr professionell.

Auf der Rückseite des Tisches bringst du eine Servante an. So nennt man ein Behältnis, das der Zuschauer nicht sieht und in dem du während der Vorstellung allerlei Dinge verschwinden lassen kannst, indem du sie (verdeckt!) über den hinteren Rand des Zaubertisches schiebst und fallen lässt.

So eine Servante kannst du ganz einfach basteln: Der Deckel einer Pappschachtel wird mit Malerklebeband auf der Tischplatte festgeklebt. Anschließend wird eine Tischdecke über den Deckel gelegt. Damit es keine verdächtigen Geräusche gibt, wenn etwas in die Servante fällt, kleidest du sie mit weichem Filz aus.

Deine Requisiten solltest du in einer Kiste mit Deckel bereithalten. Den Deckel nutzt du als Sichtschutz, damit dein Publikum die Tricks nicht zu früh zu sehen bekommt. Je nachdem, wie groß dein Tisch ist, kann diese Kiste auf oder neben dem Tisch (z. B. auf einem Stuhl) stehen. Eine zweite, am besten größere Schachtel solltest du neben oder unter dem Tisch bereithalten. Hier legst du alle Requisiten ab, nachdem du den entsprechenden Trick vorgeführt hast. So werden sie den neugierigen Blicken deiner Zuschauer entzogen.

Handwerkszeug

Einen Zauberstab verwenden heute nur noch ganz wenige Magier. Aber er kann recht hilfreich sein, denn wenn du damit herumfuchtelst, lenkst du die Aufmerksamkeit des Publikums hin zum Stab. Und fort von deinen „schmutzigen“ Tricks. Du kannst dir einen passenden Zauberstab ganz einfach selbst basteln: mit einem Rundholz oder Kochlöffel, etwas Farbe und buntem Glitzerklebeband.

Auch wenn in diesem Buch keine klassischen Kartentricks, die viel Fingerfertigkeit benötigen, vorkommen, brauchst du dennoch zwei Kartenspiele zu je 52 Karten. Am besten, du besorgst dir ein preiswertes Rommé-Spiel, das hat dann auch zwei verschiedenfarbige Rückseiten, denn auch das ist eine Voraussetzung für einige der Tricks im Buch.

Was ziehst du an?

Früher trugen Zauberer oft elegante Anzüge oder sogar einen Frack. Aus dieser Zeit stammt auch das Bild von einem Magier mit Zylinder (aus dem er dann oft ein Kaninchen hervorholte). Heute kann man auf der Bühne tragen, was man will. Doch wie sich ein Zauberer anzieht, geschieht trotzdem nicht zufällig. Die Lieblingsfarbe der Magier ist nämlich Schwarz. Das hat mit dem Prinzip der sogenannten schwarzen Kunst zu tun: Wenn dein Tisch eine mattschwarze Oberfläche hat und du dazu ein schwarzes T-Shirt trägst, gibt dir das die Möglichkeit, andere (matte) schwarze Dinge „unsichtbar“ zu machen.

Üben, üben, üben

Selbstverständlich musst du deine Tricks gut einüben. Am besten übst du vor einem Spiegel, dann siehst du genau, was die Zuschauer zu sehen bekommen – und wo du die eine oder andere Kleinigkeit noch besser verbergen musst. Rechne damit, dass du jeden Trick bestimmt 20- bis 30-mal üben musst, bis du ihn vorführen kannst. Profis üben täglich und jahrelang – selbst dann noch, wenn sie ihre Tricks schon im Schlaf beherrschen. Das solltest du auch tun.

Du musst auch nicht gleich eine ganze Show basteln und vorführen oder üben. Fang mit einem einfacheren Trick an und baue später darauf auf. Noch ein Vorteil des Übens ist, dass dir möglicherweise Varianten eines Tricks oder Erweiterungen zu deinen Geschichten einfallen.

Deine Bühne:

Alle deine Tricks passen zwischen zwei Buchstützen, die du möglichst mit schwarzen Büchern auffüllst. Hierzu eignen sich beispielsweise Notizbücher oder alte Kalender. Oder du beklebst ein paar alte Bücher mit schwarzem Tonpapier. So fallen die beiden schwarzen Mappen aus Fotokarton (für „Die Farben des Regenbogens" und „Farbwechsel leicht gemacht") nicht so auf.
Außerdem brauchst du deinen Zauberstab, eine diskrete Ablagekiste und die Servante.

Vorbereitung:

Natürlich sollten alle Tricks in der richtigen Reihenfolge zwischen den Buchstützen stehen und deine Geheimfächer gefüllt sein. Achte darauf, dass der „Taschengeld"-Umschlag mit dem Fenster nach unten steht. Auch die schwarzen Mappen („Regenbogen" und „Farbwechsel") musst du so hinstellen, dass du sie auf der „richtigen" Seite öffnen kannst.

Die Geschichte:

» Weil ich mich sehr für Zauberei interessiere, durfte ich an einem Schnuppertag im Internat für junge Magier teilnehmen. Allein die Reise dahin war sehr aufregend [*hier kannst du dir zum Beispiel einen abenteuerlichen Flug auf einem Drachen, eine Fahrt mit einem magischen Luftschiff oder einer unsichtbaren Straßenbahn ausdenken*]. Als ich an der Schule ankam, wartete schon einer der Lehrer vor dem großen Schultor. Er stellte mich einem der älteren Schüler vor [*hier kannst du dir einen Namen ausdenken*], der mich überall herumführte.

Das Zauber-internat

Ein Tag in der magischen Schule

„Weil ich mich so sehr für Zauberei interessiere, durfte ich an einem Schnuppertag im Internat für angehende Magier teilnehmen." So oder so ähnlich fängt deine Geschichte an, in der du beschreibst, was du in der Schule alles erlebt und gesehen hast. Und damit dir deine Zuschauer auch glauben, hast du gleich einmal ein paar Dinge von dort mitgebracht, die du ihnen gerne vorführst.

Taschengeld in der Post

Das Taschengeld der Schüler lässt sich nicht einfach so herbeizaubern – dafür benötigt man schon einen magischen Brief von den Eltern.

Das sehen deine Zuschauer:

1 Du zeigst einen Briefumschlag vor. Durch das Fenster sieht man, dass der Umschlag leer ist.

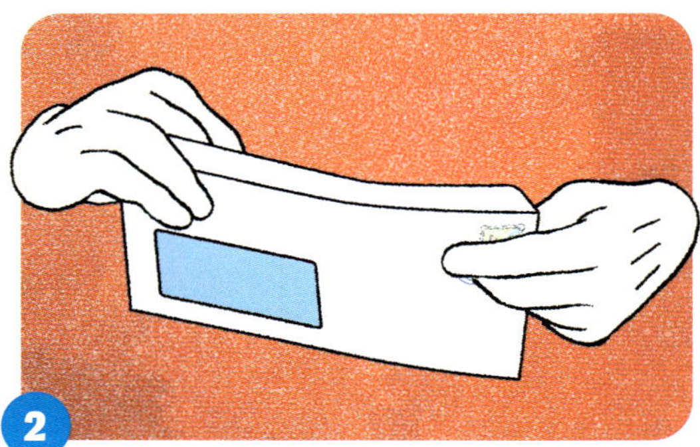

2 Du öffnest den Umschlag und greifst hinein. Dabei ist das Fenster für einen kurzen Moment nicht zu sehen.

3 Du ziehst mehrere „Geldscheine" aus dem Umschlag, diese sind auch im Fenster sichtbar.

Das ist dein Geheimnis:

Die „Geldscheine" befinden sich von Anfang an im Umschlag. Er sieht nur deshalb leer aus, weil ein Stück Karton in der Farbe der Umschlaginnenseite die Geldscheine verdeckt. Dieses Stück Karton schiebst du zur Seite, wenn du das Zaubergeld aus dem Umschlag nimmst. Wenn du dies langsam machst, kannst du deinem Publikum zeigen, dass die Geldscheine plötzlich durch das eben noch „leere" Fenster zu sehen sind.

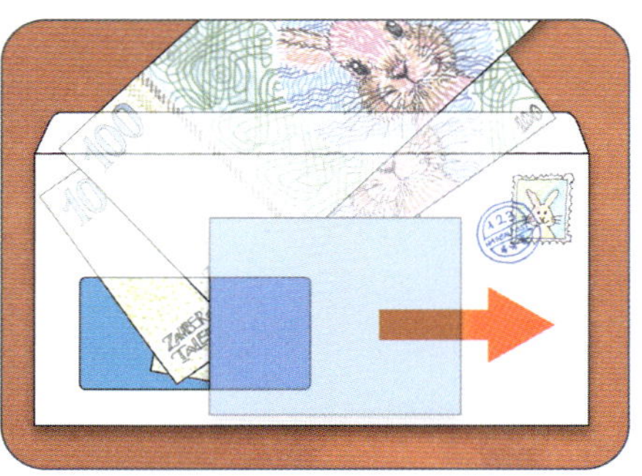

„ Noch bevor wir in den Unterricht gegangen sind, hat mir [*hier den Namen des Schülers aus deiner Einleitung einfügen*] gezeigt, wie man hier an Taschengeld kommt. Dazu braucht man bloß einen magischen Brief der Eltern [*du holst den Umschlag hervor*]. Wenn er mit der Post kommt, ist er erst einmal leer [*du zeigst den Umschlag deutlich*]. Dann denkt man ganz fest an etwas Schönes [*du kippst den Umschlag mit dem Fenster nach unten und greifst hinein*] und – schwupp! – hat man sein Taschengeld bekommen [*du holst die Geldscheine aus dem Umschlag*].

Das brauchst du:

Vorlage für die Geldscheine: Seite 58

2 Briefumschläge, DIN-Langhülle mit Fenster

Ein Stück Fotokarton in einer ähnlichen Farbe wie die Innenseite der Umschläge

Spielgeld, ca. 16,5 × 8,5 cm (eine Vorlage zum Kopieren findest du auf Seite 58)

Das ist zu basteln:

1 Trenne die Rückwand eines der Umschläge vorsichtig ab. So erhältst du ein Stück Papier mit der Farbe der Umschlaginnenseite.

2 Drehe das Papier um und klebe den Fotokarton auf die weiße Seite der Umschlagrückwand.

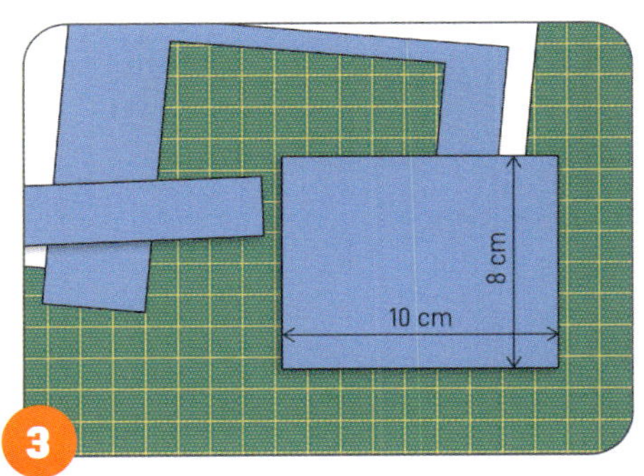

3 Wenn der Klebstoff getrocknet ist, schneidest du ein 10 × 8 cm großes Rechteck aus.

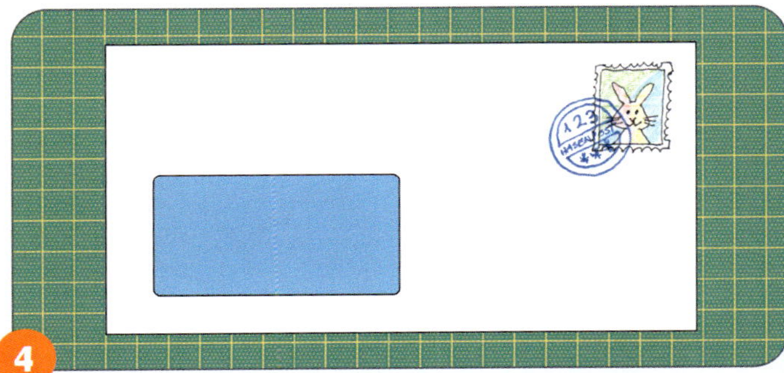

4 Verziere die Vorderseite des anderen Briefumschlags noch mit einer „magischen" Briefmarke und einem Poststempel, damit der Umschlag nicht so langweilig aussieht.

5 Fotokopiere den Geldschein von Seite 58 mehrfach und schneide ihn aus. Du kannst die Geldschein-Vorlage aber auch downloaden (Seite 5) und sie dann ausdrucken.

Hausaufgaben im Handumdrehen

Zauberschüler haben genauso wenig Lust, ihre Hausaufgaben zu machen wie andere Schüler. Darum haben sie einen Zauberspruch, mit dem ein leeres Schulheft plötzlich von vorne bis hinten vollgeschrieben ist.

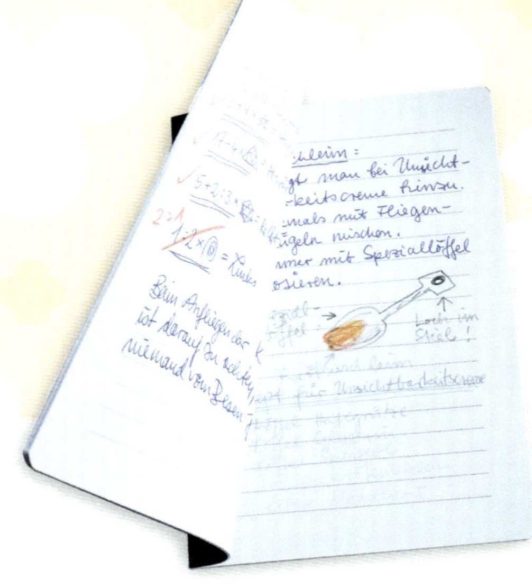

Das sehen deine Zuschauer:

1 Du blätterst ein Schulheft von vorne bis hinten durch: Alle Seiten sind leer.

2 Du tippst mit dem Zauberstab über das geschlossene Heft.

3 Du blätterst das Heft erneut durch: Jetzt sind alle Seiten beschrieben.

Das ist dein Geheimnis:

Die Seiten des Heftes sind nicht überall gleich breit – das nennt man auch einen „Svengali"-Effekt. Beim ersten Durchblättern sind deine Finger unten am Heft, beim zweiten Mal oben. Dadurch werden jedes Mal immer zwei Seiten übersprungen. So sieht der Zuschauer einmal nur die leeren Seiten und einmal nur die beschriebenen.

„Im Internat gibt es natürlich auch Hausaufgaben. Aber die Schüler lassen einfach ihren Zauberstab die Arbeit für sie erledigen: Eigentlich haben sie auch nur ganz normale Hefte wie dieses hier [*du zeigst die leeren Seiten*]. Aber dann schwenken sie ihren Zauberstab übers Heft [*das machst du auch*] und schon sind die Hausaufgaben erledigt [*du zeigst die beschriebenen Seiten*]. Keine Ahnung, wie die das machen!?

Das brauchst du:

Das ist zu basteln:

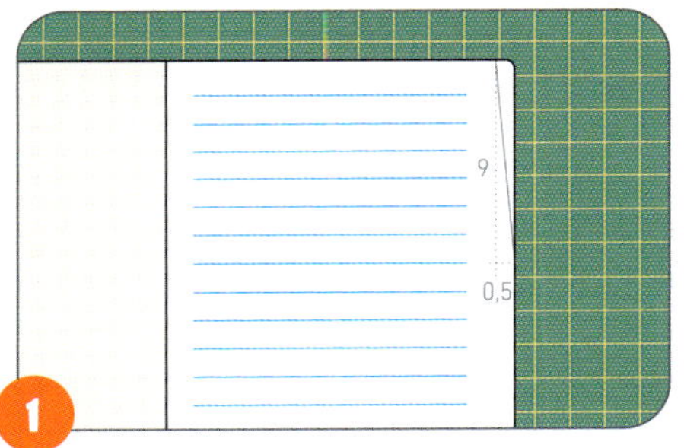

Zeichne auf der ersten Seite oben rechts eine Linie 0,5 cm vom Rand und 9 cm von oben an.

Zeichne auf der nächsten (rechten) Seite unten rechts eine Linie 0,5 cm vom Rand und 9 cm von unten an.

Wenn du das bei allen Seiten abwechselnd gemacht hast, schneidest du entlang dieser Linien die Ecken ab.

Die erste Seite des Heftes bleibt frei. Das ist wichtig, weil du ja sonst schon beim ersten Aufschlagen verrätst, was als Nächstes kommt.

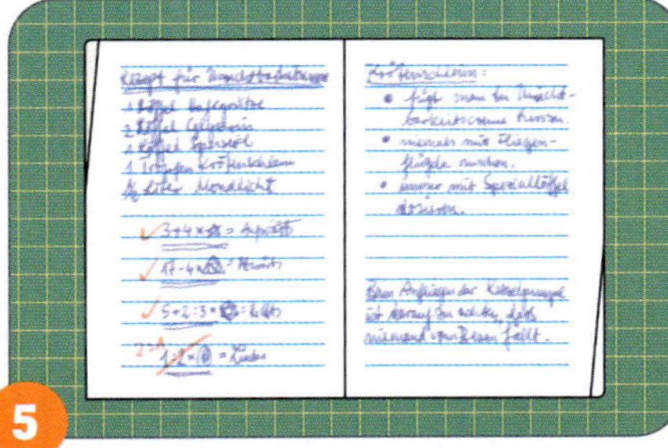

Die nächsten zwei Seiten werden von dir mit magischen Hausaufgaben beschriftet. Die darauf folgenden zwei Seiten bleiben wieder frei. Und so geht es weiter bis zum Schluss. Verwende aber keine Stifte, die auf den leeren Seiten durchscheinen!

Schließlich gestaltest du noch den Titel des Heftes mit dem Buntpapier, damit es aussieht, wie ein „echtes“ Schulheft aus dem Zauberinternat.

Grundrechenarten für Zauberer

Zauberschüler rechnen nicht mit Äpfeln oder Bleistiften, sondern mit Spielkarten. Zeige deinen Zuschauern, dass 1 + 2 immer 3 ergibt.

Das sehen deine Zuschauer:

Du zeigst eine Karte mit einem Karo. Dabei sagst du: „Eins und …“

Du drehst die Karte um, zwei Karos sind zu sehen. „… zwei ergibt …“

Du drehst die Karte wieder um, nun sind drei Karos zu sehen. „… drei!“

Wie zur Bestätigung drehst du die Karte nochmal um. Es sind drei Karos zu sehen.

Dann drehst du die Karte um; die Rückseite ist leer.

Das ist dein Geheimnis:

Durch vermeintliches oder tatsächliches Verdecken von Karos gaukelst du deinen Zuschauern „falsche“ Kartenwerte vor. Weil aber die Karte und zwei der Karos magnetisch sind, kannst du diese am Schluss verschwinden lassen.

A

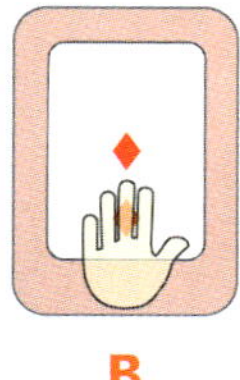
B

C

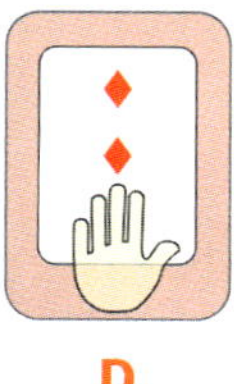
D

E

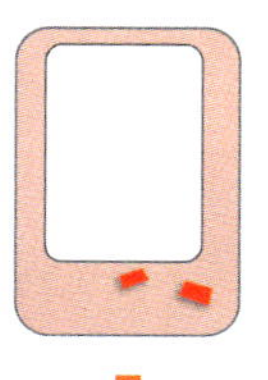
F

Vor der Vorstellung platzierst du die magnetischen Karos so wie auf der ersten Karte (A). Bei der Vorführung verdeckst du ein magnetisches Karo mit der Hand (B). Beim weiteren Umdrehen verdeckst du wieder jeweils ein Karo (C, D). Wenn du am Schluss alle drei Karos zeigst (E), entfernst du die magnetischen Karos (F) und lässt sie heimlich in der Servante verschwinden.

„Die Spielkarten, die man in der Zauberschule für den Rechenunterricht verwendet, zeigen immer nur eine Zahl. Diese hier zeigt zum Beispiel immer nur die Drei. [*Du zeigst die Kartenseite mit „einem“ Karo*]. Selbstverständlich muss man das addieren, darum zählt man zwei hinzu [*du drehst die Karte, sodass sie zwei Karos zeigt*]. Das ist dann drei [*du drehst wieder die Karte um*]. Dass das stimmt [*erneutes Umdrehen*], sieht man daran, dass auf der anderen Seite die Null übrig ist [*erneutes Umdrehen*].

Das brauchst du:

Vorlage für die Karos: Seite 61

Das ist zu basteln:

Schneide ein 12 × 17 cm großes Rechteck aus der Magnetfolie aus.

Klebe die (selbstklebende) Magnetfolie auf eine Hälfte des weißen Kartons auf.

Schneide nun die überstehenden Ränder ab.

Klebe das Magnetfolienrechteck mit Doppelklebeband auf die andere Hälfte des Kartons.

Schneide die überstehenden Ränder ab und runde anschließend die Ecken der „Spielkarte" ab.

Klebe einen Rest der Magnetfolie auf eine Hälfte des roten Tonpapiers.

Schneide zwei Karos aus der beklebten Magnetfolie und drei Karos nach der Vorlage auf Seite 61 aus dem Tonpapier aus.

Drei Karos aus Tonpapier klebst du wie auf der Abbildung auf eine Seite der Karte, die andere bleibt leer. Dort kommen später die magnetischen Karos hin.

Die Farben des Regenbogens

Wenn in der Zauberschule von den Farben des Regenbogens die Rede ist, dann hat das meist nichts mit dem Kunst- oder Naturkundeunterricht zu tun. Denn im Fach Gedankenlesen geht es darum, die Lieblingsfarben seiner Mitschüler zu erraten.

Das sehen deine Zuschauer:

1 Du holst vier Karten aus einem Umschlag und zeigst sie dem Publikum: Die Vorderseiten sind gelb, rot, grün und blau, die Rückseiten grau.

2 Ein Zuschauer wählt still eine Farbe aus und merkt sie sich, er nennt sie also nicht laut. Du legst die Karten in den Umschlag zurück.

3 Während du etwas über Gedankenlesen erzählst und den Zuschauer auffordert, an seine Farbe zu denken, legst du den Umschlag in die Mappe.

4 Fordere den Zuschauer nun auf, seine Farbe zu nennen. Dabei holst du den Umschlag wieder aus der Mappe.

5 Hat der Zuschauer seine Farbe genannt, nimmst du die Karten aus dem Umschlag heraus.

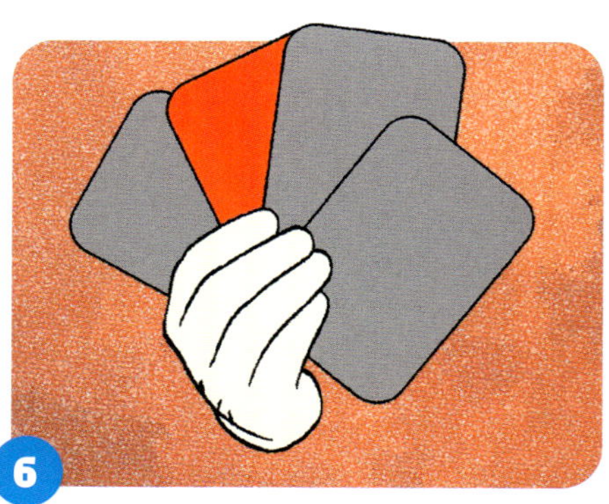

6 Du fächerst die Karten auf. Die einzige Karte, die mit der farbigen Seite nach oben zeigt, ist die mit der vom Zuschauer genannten Farbe.

Das ist dein Geheimnis:

Du hast zwei Umschläge mit Farbkarten vorbereitet. Der Umschlag mit vier „normalen" Karten steht in einer schwarzen Mappe zwischen den Buchstützen bereit. Diese Karten zeigst du vor, während du einen der Zuschauer an eine Lieblingsfarbe denken lässt. Dann tauschst du den Umschlag mithilfe der Mappe gegen einen zweiten Umschlag aus. In diesem befinden sich vier besondere Karten, die es dir ermöglichen, die gedachte Farbe vorzuzeigen.

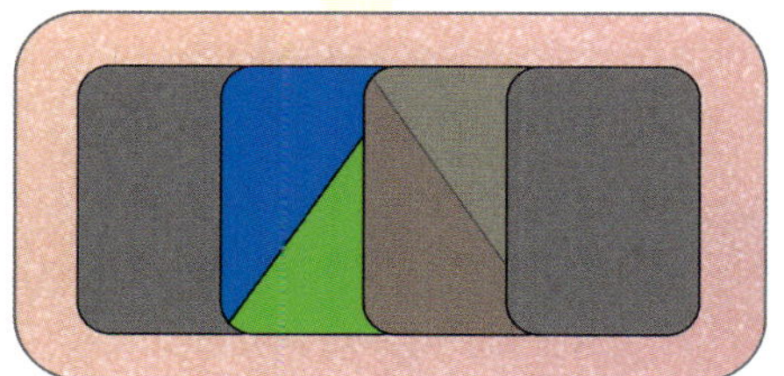

Die Karten im zweiten Umschlag musst du dafür anordnen wie auf der Abbildung hier links: doppelt graue Karte, blau-grüne Karte, gelb-rote Karte mit der grauen Seite nach oben, doppelt graue Karte. Dann steckst du sie so in den Umschlag wie es unten auf Abbildung A zu sehen ist.

Die Regenbögen an den Ecken der Umschläge sind farbige Markierungen. Sie helfen dir dabei, die richtige Karte zu finden. Wie das geht, zeigen dir die Abbildungen A bis D.

Übrigens: Wenn du die Karten auffächerst, musst du den verräterischen Farbfleck unten unbedingt mit deinen Fingerr verdecken.

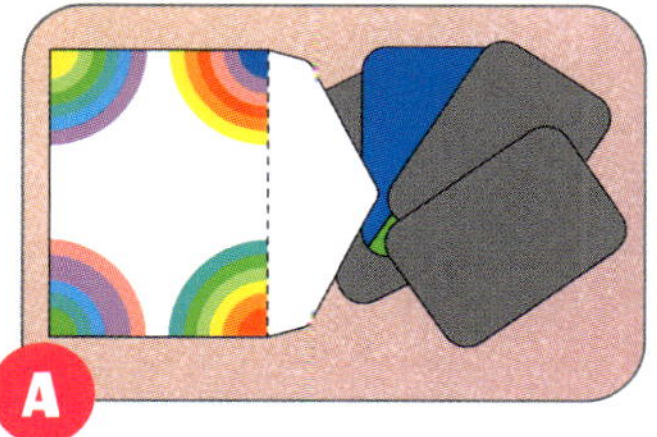

A Ist die blaue Ecke rechts oben, kannst du ganz leicht die blaue Karte zeigen.

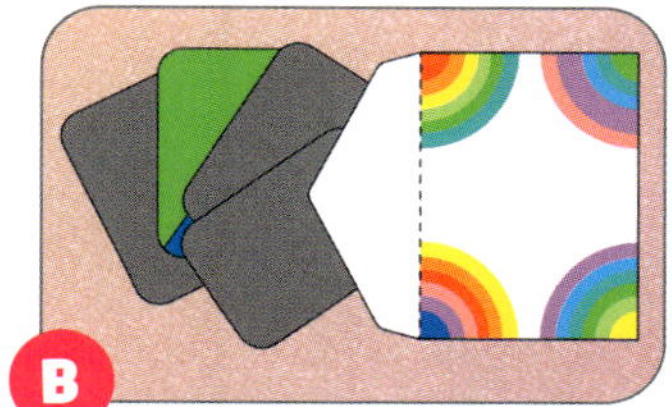

B Ist die grüne Ecke rechts oben, kannst du ganz leicht die grüne Karte zeigen.

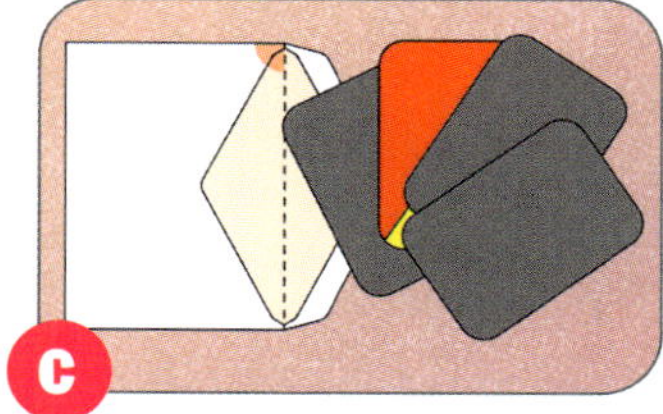

C Ist die rote Ecke rechts oben (auf der Rückseite), kannst du ganz leicht die rote Karte zeigen.

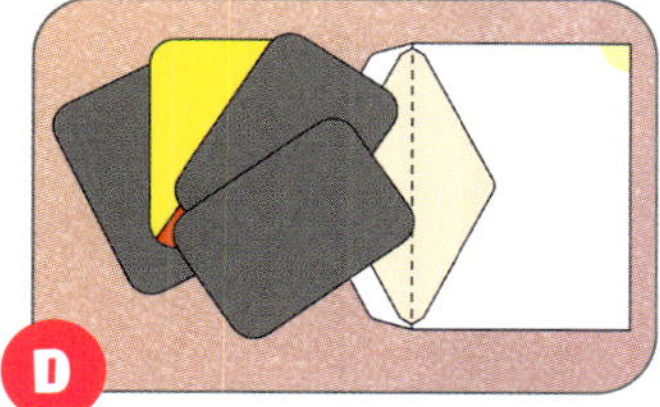

D Ist die gelbe Ecke rechts oben (auf der Rückseite), kannst du ganz leicht die gelbe Karte zeigen.

„Im Internat gibt es das Fach Gedankenlesen. Da nimmt man vier farbige Karten [*du zeigst die Karten aus dem Umschlag in der Mappe vor*], mit denen findet man die Lieblingsfarben seiner Mitschüler heraus. Das können wir auch mal machen [*Du lässt einen Zuschauer eine Farbe auswählen, aber nicht nennen*]. Ich glaube, ich weiß jetzt schon, um welche Farbe es sich handelt ... [*du steckst die Karten in den Umschlag und legst ihn in die Mappe, dann schauspielerst du ein bisschen*]. Um sicher zu sein, nenne doch bitte deine Farbe [*du holst den zweiten Umschlag hervor*].

Das brauchst du:

ZUM BASTELN

grauer Fotokarton (2 × DIN A4)

Tonpapier in den Farben Grün, Blau, Gelb und Rot (DIN A4)

Zwei möglichst weiße Briefumschläge (DIN C6) mit großer Lasche

schwarzer Fotokarton (DIN A3)

selbstklebende Magnetfolie (ca. DIN A4)

Das ist zu basteln:

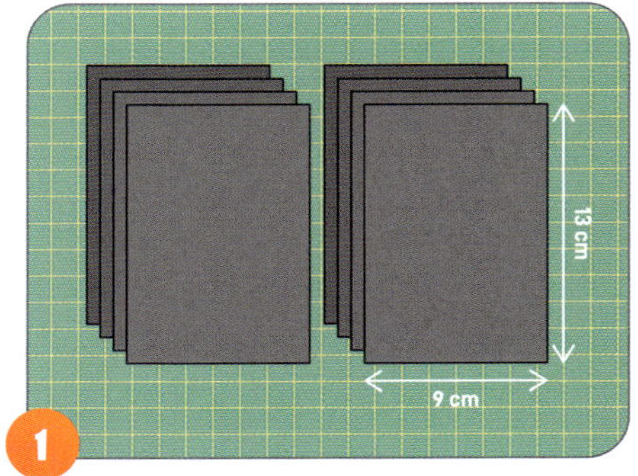

1 Schneide aus grauem Fotokarton acht 9 × 13 cm große Rechtecke zu.

2 Schneide die vier Bogen Tonpapier in der Hälfte durch. Auf jeweils eine der Hälften klebst du je eines der grauen Rechtecke.

3 Lege die restlichen Tonpapierhälften so zusammen wie auf der Abbildung. Klebe zwei der grauen Rechtecke so auf das Tonpapier, dass die gegenüberliegenden Ecken dort liegen, wo das Tonpapier aufeinanderstößt.

Schneide nun die sechs beklebten Stücke Fotokarton so aus, dass kein Tonpapier mehr übersteht.

Runde an allen Karten die Ecken ab, auch an den beiden unbeklebten grauen Rechtecken.

Male in die vier Ecken der Umschläge bunte Regenbögen nach dem Vorbild dieser Abbildung oder des Fotos auf Seite 17. Beide Umschläge müssen möglichst gleich aussehen.

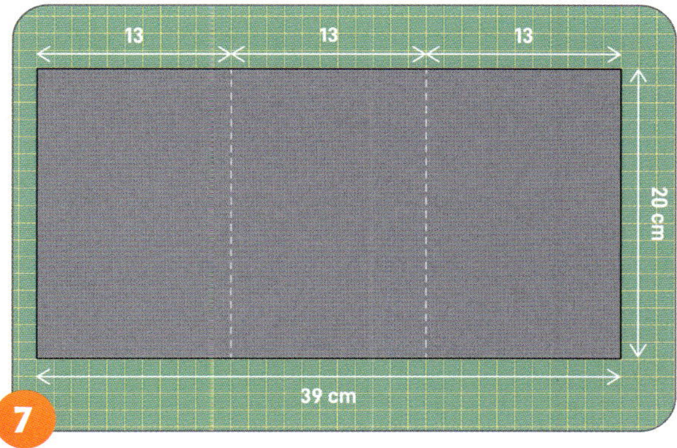

Schneide aus dem schwarzen Fotokarton ein 39 × 20 cm großes Recht zurecht. Markiere zwei Falze im Abstand von je 13 cm.

Falze das Rechteck entlang der markierten Falzlinien zu einer Art Z. Fahre die Falzlinien nach.

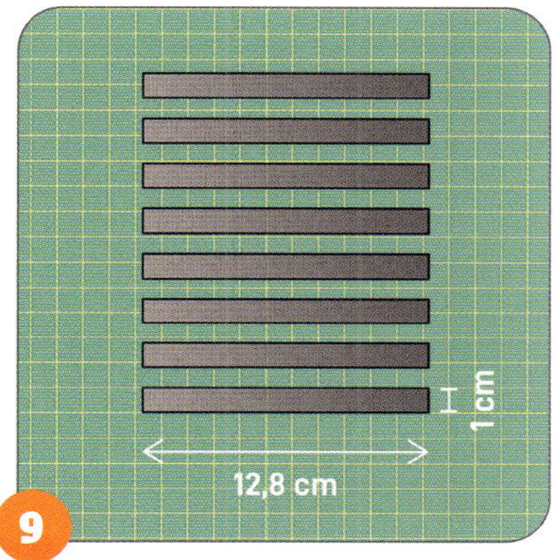

Schneide aus der Magnetfolie acht Streifen im Format 1 × 12,8 cm zurecht.

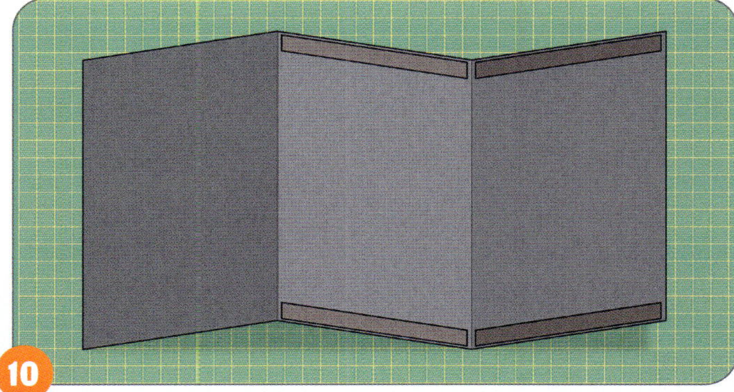

Klebe vier der (selbstklebenden) Magnetfolienstreifen auf dem schwarzen Fotokarton wie auf der Abbildung auf. Klebe dazu erst die Streifen auf der rechten Seite auf. Lege nun die anderen beiden Streifen mit der magnetischen Seite nach unten passgenau auf diese Streifen auf. Erst dann ziehst du das Schutzpapier ab und faltest den mittleren Teil darüber und klebst so die Streifen fest.

Klappe den rechten Teil der Mappe zusammen, sodass die Streifen magnetisch aneinanderhaften. Drehe die Mappe nun um und klebe die restlichen vier Magnetstreifen auf den Fotokarton. Dabei beginnst du diesmal auf der linken Seite (so können sich die magnetischen Streifen besser aneinander ausrichten). Dann geht es so weiter, wie in Schritt 10 beschrieben.

Farbwechsel leicht gemacht

Im Internat gab es das letzte Mal vor über hundert Jahren Unterricht zu magischen Tränken oder Zaubersprüchen. Heute haben die Schüler dafür dreimal die Woche Kartenkunde, denn Kartentricks muss jeder Zauberer im Schlaf beherrschen.

Das sehen deine Zuschauer:

1 Du nimmst die oberste Karte eines Kartenstapels mit erkennbar blauer Rückseite und zeigst die Bildseite.

2 Du legst die Karte mit der Bildseite nach oben auf das gelbe Papier in der Mappe. Du erklärst, was du vorhast.

3 Du faltest das Papier zusammen und schließt die Karte darin fest ein. Du klappst die Mappe zu.

4 Du fasst noch einmal zusammen, was passieren soll: Die Karte soll ihre „Farbe“, also ihr Bild wechseln. Nun öffnest du die Mappe wieder.

5 Als du das gelbe Papier auseinanderfaltest, bist du sehr erstaunt: Die Karte zeigt immer noch das gleiche Bild, es ist scheinbar nichts passiert.

6 Was zunächst wie ein misslungener Trick aussah, hat nun doch geklappt. Als du die Karte umdrehst, sieht man, dass die Karte ihre Farbe gewechselt hat – allerdings auf ihrer Rückseite.

Das ist dein Geheimnis:

Die „Mappe“ ist eigentlich gar keine, sie lässt sich von zwei Seiten öffnen. Dabei sind jeweils entweder die „Vorder“- oder die „Rückseiten“ der drei Bänder zu sehen, die die Mappe zusammenhalten. Das funktioniert, weil die Bänder im Inneren der Mappe über Kreuz liegen. So klebt auf jeder der beiden Seiten des mittleren Streifens ein „Umschlag“ aus gelbem Papier.

Für die Vorführung bedeutet das: Du packst die blaue Karte ins gelbe Papier, schließt die Mappe, lenkst dein Publikum durch deine Erzählung ab, öffnest dann die Mappe auf der anderen Seite und packst schließlich die rote Karte aus dem anderen gelben Papier aus.

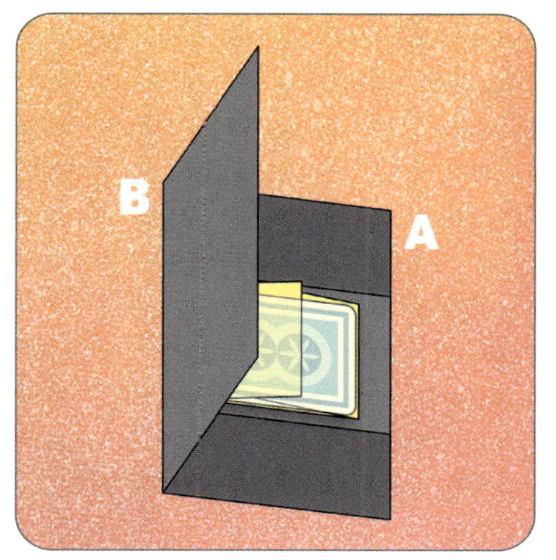

Alles fängt ganz harmlos an: Du packst die blaue Karte in das leere gelbe Papier ein und schließt die Mappe. Dann legst du sie scheinbar achtlos auf den Tisch und erzählst deine Geschichte.

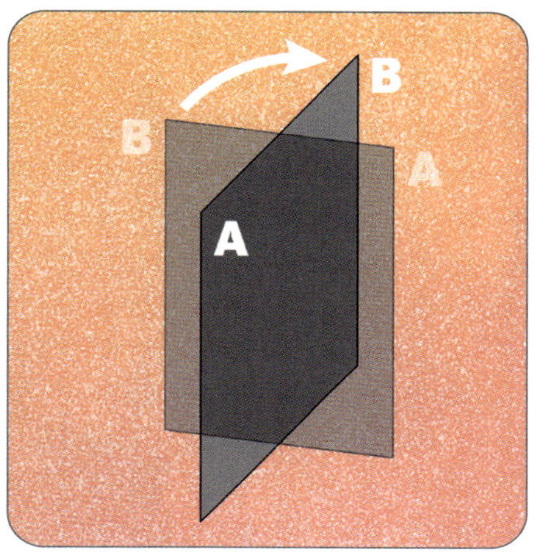

Während du deine Zuschauer mit deiner Geschichte ablenkst, drehst du möglichst unbeobachtet die Mappe um, sodass die Unterseite nun oben liegt.

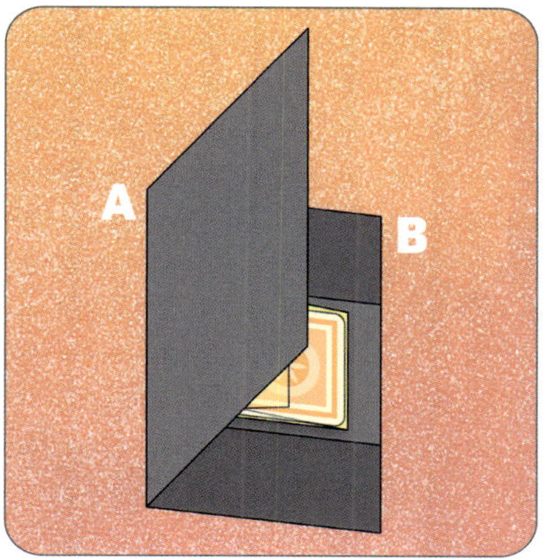

Wenn du die Mappe jetzt an der anderen – aber für die Zuschauer gleichen – Seite öffnest, kommt das gelbe Papier mit der roten Karte darin zum Vorschein.

Eines der wichtigsten Fächer im Internat ist Kartenkunde. Als Zauberer muss man ja hunderte Kartentricks im Schlaf beherrschen [*du holst beiläufig ein Kartenspiel hervor*]. Einer der ersten Tricks, die man lernt, ist der Farbwechsel. Dabei verwandelt man beispielsweise ein ... [*du zögerst ein wenig, nimmst die oberste Karte vom Stapel (es ist die doppelte Karte), schaust sie an, als wüsstest du nicht, welche Karte es ist*] ... eine Herz 3 in eine Pik 3. Am Anfang lernt man das mit einem Hilfsmittel wie dieser Mappe [*du holst die Mappe zwischen den Buchstützen hervor und öffnest sie*]. Dann wickelt man die Karte in dieses Zauberpapier [*das machst du*] und dann ... hm, da muss ich nochmal nachdenken, wie das ging [*du legst die Mappe auf den Tisch und grübelst*] ...

Das brauchst du:

FÜR DIE VORSTELLUNG

ein Kartenspiel mit blauem Rücken

zwei gleiche Spielkarten mit unterschiedlichem Rücken (blau und rot)

ZUM BASTELN

schwarzer Fotokarton, 3 × DIN A4

eine Spielkarte als Vorlage

helles (z. B. gelbes) Tonpapier, 2 × DIN A5 oder 1 × DIN A4

Das ist zu basteln:

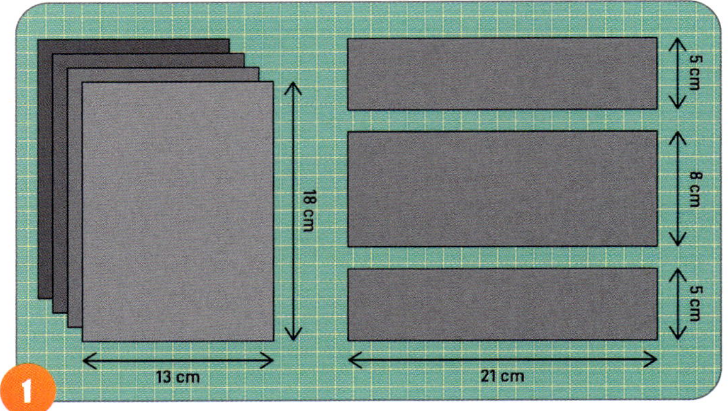

Schneide aus dem schwarzem Fotokarton vier 13 × 18 cm große Rechtecke sowie zwei 5 × 21 cm und einen 8 × 21 cm großen Streifen aus.

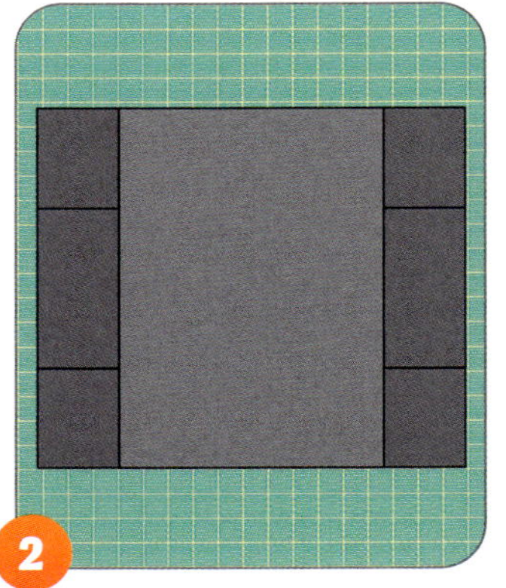

Lege die drei Streifen so wie in der Abbildung aneinander und lege eines der 13 × 18 cm großen Rechtecke mittig darüber.

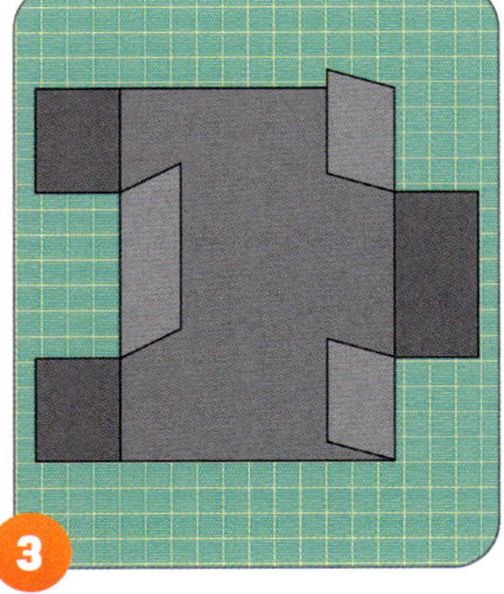

Falze nun die überstehenden Enden der Streifen teilweise über das große Rechteck. Dabei handelt es sich um die Enden: rechts oben, links in der Mitte, rechts unten.

Klebe nun die umgefalzten Enden auf dem Rechteck fest.

Drehe deine Bastelei um, sodass das Rechteck unten liegt.

Lege ein weiteres der 13 × 18 cm großen Rechtecke so auf das Gebilde, dass es genau auf dem unteren Rechteck liegt.

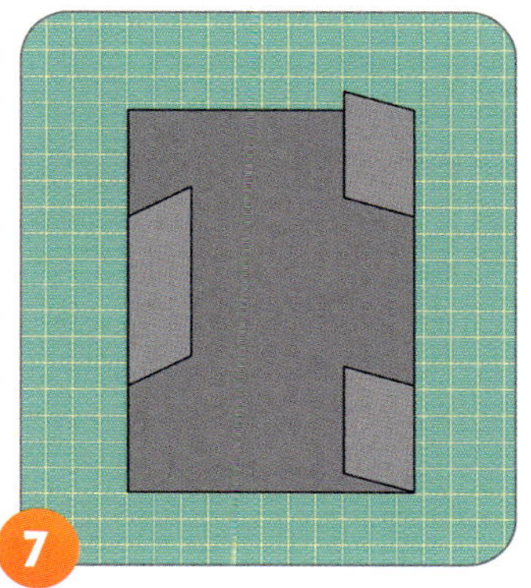

Falze nun auch die restlichen überstehenden Enden der Streifen um. Klebe die umgefalzten Enden auf dem (zweiten) Rechteck fest.

Klebe ein weiteres Rechteck auf deine Bastelarbeit, um die Klebelaschen zu überdecken. Drehe alles um und klebe auch ein Rechteck auf die andere Seite der Mappe.

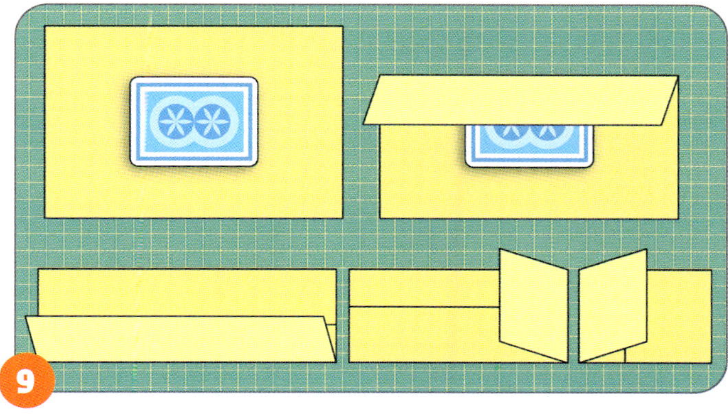

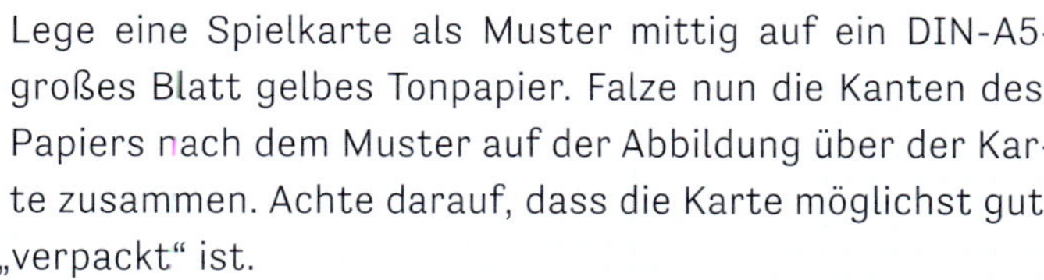

Lege eine Spielkarte als Muster mittig auf ein DIN-A5-großes Blatt gelbes Tonpapier. Falze nun die Kanten des Papiers nach dem Muster auf der Abbildung über der Karte zusammen. Achte darauf, dass die Karte möglichst gut „verpackt“ ist.

Falze ein zweites Blatt Tonpapier auf diese Weise. Beide Papiere sollten möglichst identisch aussehen.

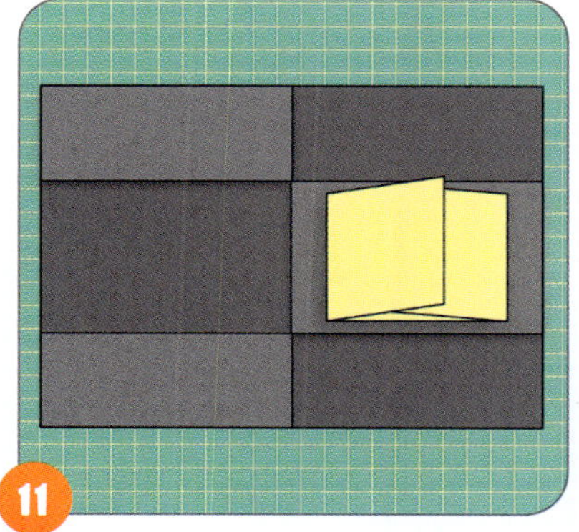

Klebe nun jeweils eines der gefalteten Papiere auf je einen der Mittelstreifen in der Mappe. Beide Seiten der Mappe sollten gleich aussehen.

Deine Bühne:

Deine „Bühne“ besteht im Wesentlichen aus deiner Zauberkiste, in der du die meisten deiner Tricks vor den Augen des Publikums schützen kannst. Und natürlich aus einer entsprechenden Ablagekiste.
Wenn du magst (und dein Tisch groß genug ist), kannst du zur Ablenkung ein paar Kasperlepuppen, die einen Bezug zu Märchen haben (Zauberer, Hexe, Prinzessin oder König), an den Rand deines Tisches setzen.
Wenn du gerne mit einem passenden Zauberstab arbeitest, dann gehört der natürlich auch auf den Tisch.

Vorbereitung:

Das „Zwergenhäuschen“ darf (geschlossen!) zusammen mit Aschenputtels Kleiderschrank schon auf dem Tisch stehen, bevor es losgeht. Alle anderen Tricks sind für die Zuschauer unsichtbar in deiner Zauberkiste verstaut: Das Bild der Königin sollte auf „Weiß“ gestellt sein und die goldene Kugel muss so liegen, dass du sie gut aufnehmen und in der Hand verbergen kannst. Auch die Rumpelstilzchen-Röhre bleibt erst einmal in der Zauberkiste.

Die Geschichte:

„Wir Zauberlehrlinge statten dem Märchenwald öfter einen Besuch ab. Denn dort ist die Zauberei eigentlich zu Hause. So können wir magische Gegenstände kennenlernen und auch gucken, was bei Schneewittchen und Aschenputtel so los ist, wenn sie gerade mal keinen Prinzen heiraten müssen. Ich versuche dann natürlich auch immer, von meinen Besuchen interessante Gegenstände mitzubringen. So habe ich beim Froschkönig eine goldene Kugel abgestaubt, die ich Ihnen/euch [*Anrede je nach Publikum*] unbedingt mal zeigen muss ... [*hier leitest du nahtlos in den ersten Trick über.*]

Im Märchen-wald

Zu Besuch bei Schneewittchen & Co.

Nirgendwo wird so viel gezaubert wie im Märchen. Das kannst du nutzen, um ein paar schöne Geschichten rund um die folgenden Tricks zu erzählen. Und so erfährt dein Publikum einiges aus dem Leben von Froschkönig, Aschenputtel, Rumpelstilzchen und Co., was man bisher so noch nicht gehört hatte.

Froschkönigs goldene Kugel

Wenn sogar der Froschkönig die goldene Kugel im Brunnen nicht mehr wiederfinden kann, dann kann nur noch einer helfen: Du.

Das sehen deine Zuschauer:

1 Du zeigst ein bewegliches Kreuz aus Pappe erst von der einen …

2 … dann von der anderen Seite vor. Es ist auf beiden Seiten „leer“.

3 Nun faltest du das Kreuz zu einem Würfel zusammen.

4 Als du den Würfel wieder öffnest, erscheint eine kleine, goldene Kugel darin.

Das ist dein Geheimnis:

Das ist ein Trick, der ziemlich viel Fingerfertigkeit erfordert, darum solltest du ihn ausführlich vor dem Spiegel üben, bevor du ihn vorführst. Die Kugel befindet sich natürlich bereits „in“ bzw. an dem Kreuz aus Pappe. Du musst sie beim Vorzeigen der beiden Seiten so geschickt verdecken, dass deine Zuschauer sie nicht sehen können. Und auch beim Zusammenfalten des Würfels sollte nichts zu sehen sein.

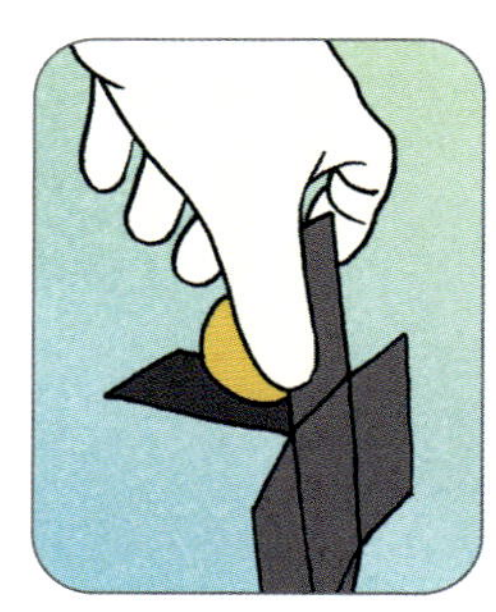

Wenn man ins Märchenland kommt, dann steht gleich vorne links der Brunnen des Froschkönigs. Aber der hatte gerade gar keine gute Laune, denn er konnte seine goldene Kugel nicht finden. Also haben wir zusammen am Brunnen [*du zeigst die „Ziegelseite“ des Kreuzes vor*] und im Brunnen [*du zeigst die schwarze Seite*] nachgeschaut, aber nichts gefunden. Da hatte ich die Idee, dass wir den Brunnen noch einmal Stein für Stein absuchen [*du faltest das Kreuz zu einem Würfel*] – und am Ende war die Kugel doch noch da [*du öffnest den Würfel, die Kugel erscheint*].

Das brauchst du:

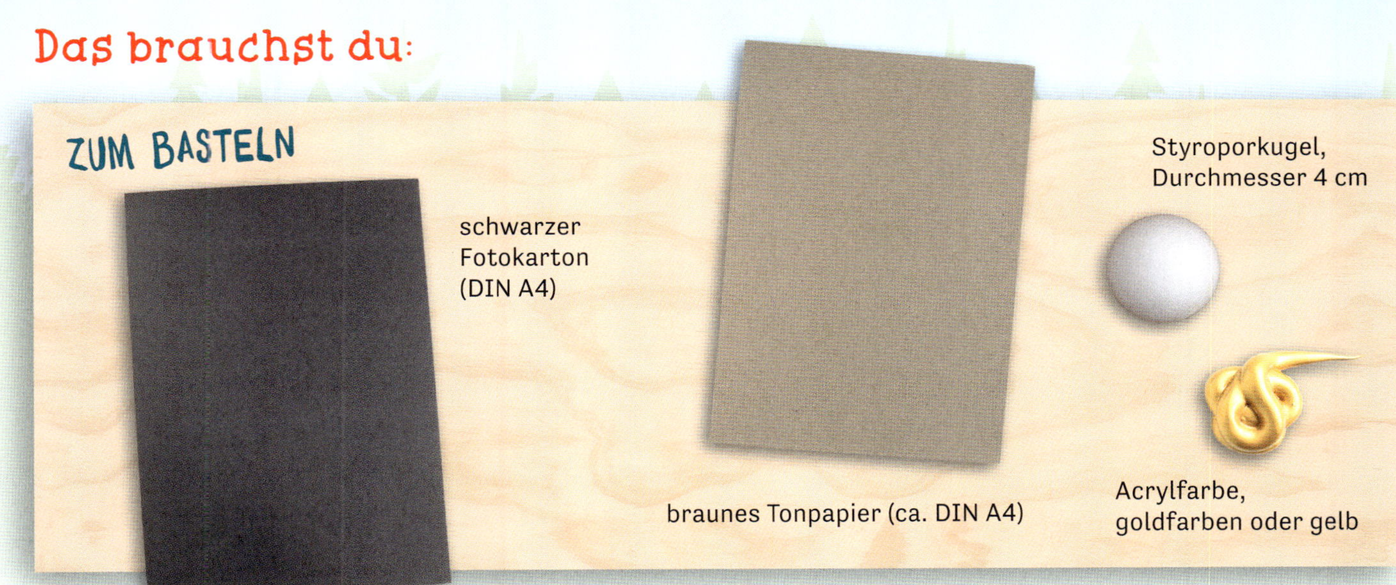

Das ist zu basteln:

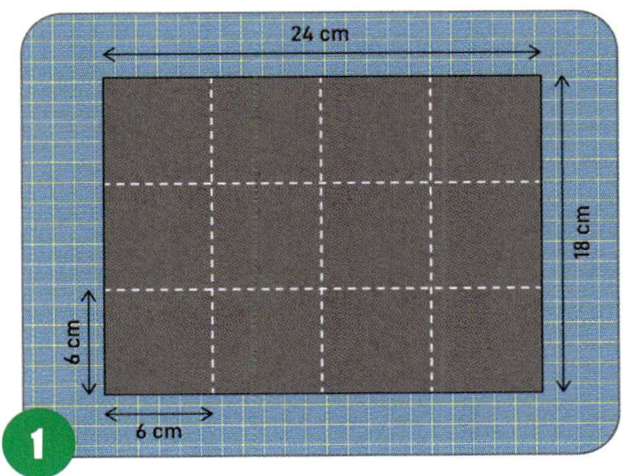

Schneide ein 18 × 24 cm großes Rechteck aus dem schwarzen Fotokarton aus und markiere zwölf je 6 × 6 cm große Quadrate.

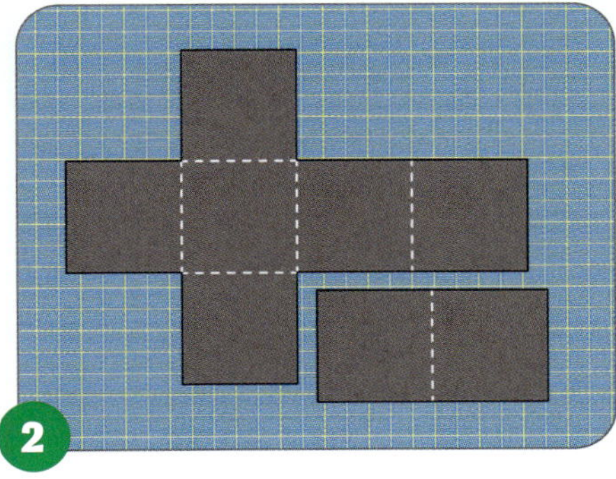

Schneide ein Kreuz wie auf der Abbildung aus. Hebe eines der 6 × 12 cm großen schwarzen Rechtecke auf (für Schritt 5).

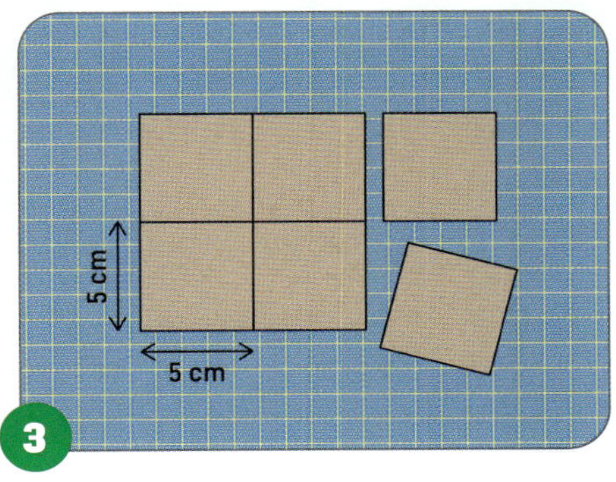

Schneide sechs je 5 × 5 cm große Quadrate aus dem braunen Tonpapier aus. Wenn du magst, kannst du sie wie Ziegelwände anmalen.

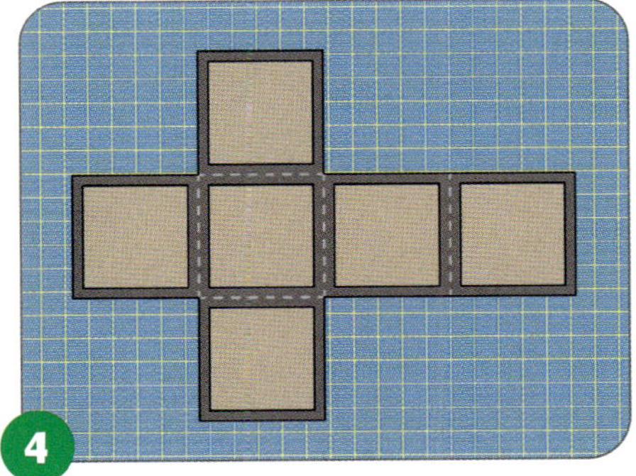

Klebe die braunen, kleineren Quadrate als Dekoration auf eine Seite des Kreuzes. Sie helfen später auch, die beiden Seiten voneinander zu unterscheiden.

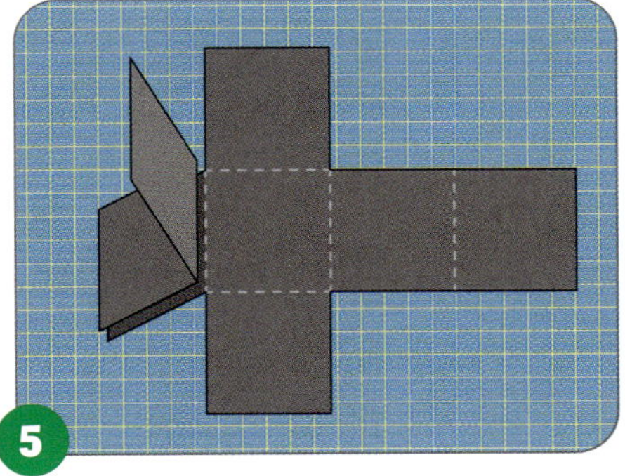

Falze das 6 × 12 cm große schwarze Rechteck in der Mitte und klebe es auf das Quadrat am kurzen Ende des Kreuzes.

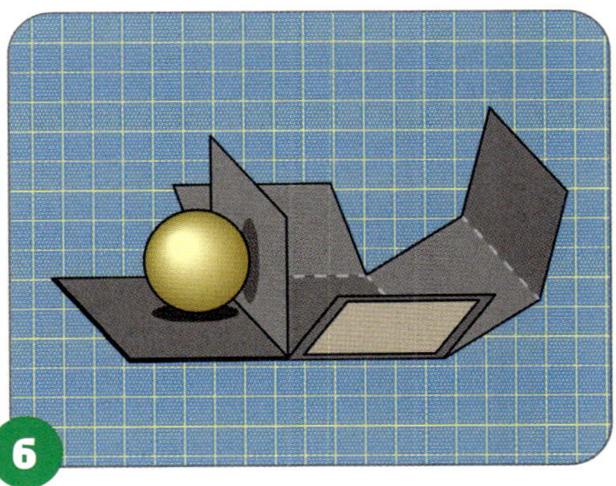

Die Styroporkugel golden (oder gelb) bemalen und in den in Schritt 5 entstandenen Winkel einkleben. Die Wände sollten wie ein offener Würfel an der Kugel anliegen.

Das Bild der bösen Königin

Nun machst du dich auf die Suche nach Schneewittchen. Im Schloss fängst du an. Doch als du den Namen „Schneewittchen“ erwähnst, wird die böse Königin schlagartig rot vor Wut.

Das sehen deine Zuschauer:

1 Du zeigst das Bild der bösen Königin vor: Ihr Gesicht ist vornehm weiß.

2 Dann wedelst du mit dem Zauberstab vor ihrem Gesicht herum.

3 Nun ist die Königin wütend, wie ihr rot angelaufenes Gesicht beweist.

Das ist dein Geheimnis:

Das Gesicht der Königin ist eigentlich ein Loch im Papier. Wenn du das Gesicht mit dem Zauberstab verdeckst, ziehst du auf der Rückseite des Bildes heimlich einen Schieber nach unten. Der zeigt dann die rote Farbe. Damit das nicht so auffällt, werden die Umrisse des Bildes auf eine Folie vor dem Bild gezeichnet.

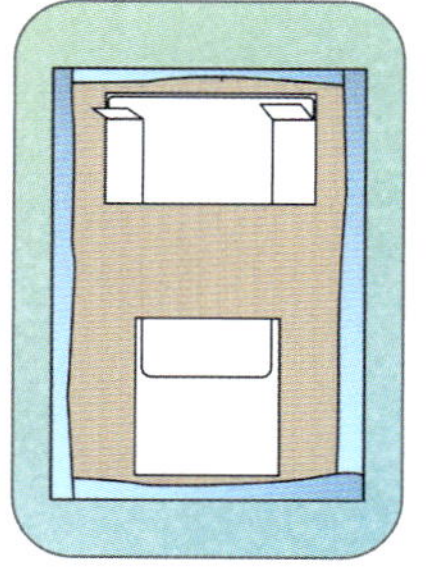

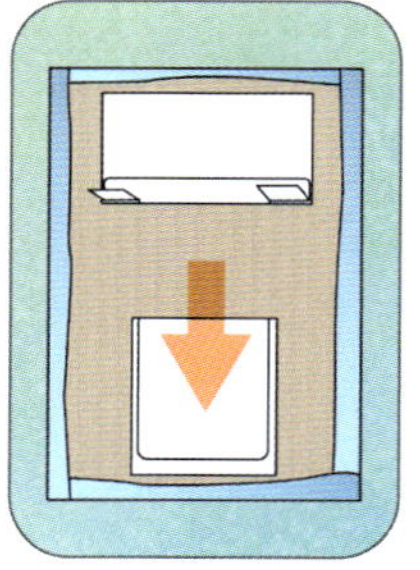

Ich wollte mich persönlich von der weltberühmten Schönheit Schneewittchens überzeugen. Doch im Schloss war sie nicht zu finden. Da war nur ihre böse Stiefmutter [*du zeigst das Bild*]. Aber sobald ich auch nur den Namen Schneewittchen ausgesprochen hatte [*du holst den Zauberstab*], wurde sie richtig wütend [*du wedelst mit dem Stab*]. Sie ist ganz rot angelaufen! [*Du zeigst das Bild.*]

Das brauchst du:

Vorlagen für das Bild und den Rahmen: Seite 59–61

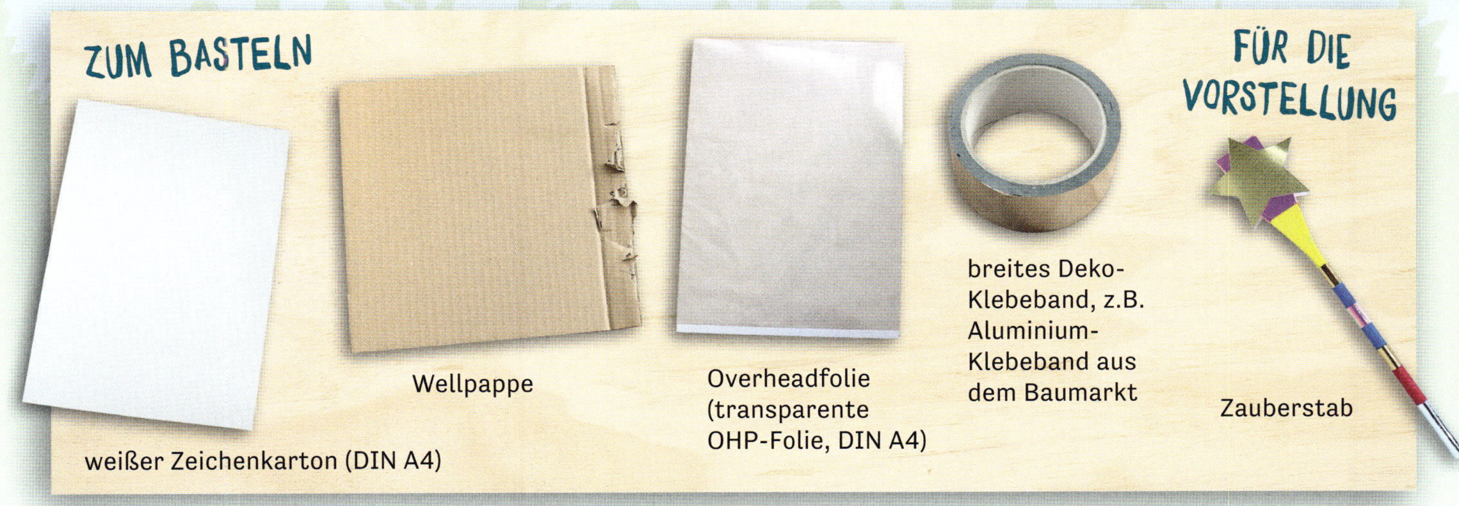

Das ist zu basteln:

1 Schneide die drei Teile des Bildes nach den Vorlagen auf den Seiten 59 bis 61 aus Zeichenkarton und Wellpappe aus. Du kannst die Vorlagen auch downloaden (Seite 5) und ausdrucken.

2 Male die Königin und den Hintergrund bunt an. Auf dem Schieber malst du die obere Hälfte bis zur Markierung rot an.

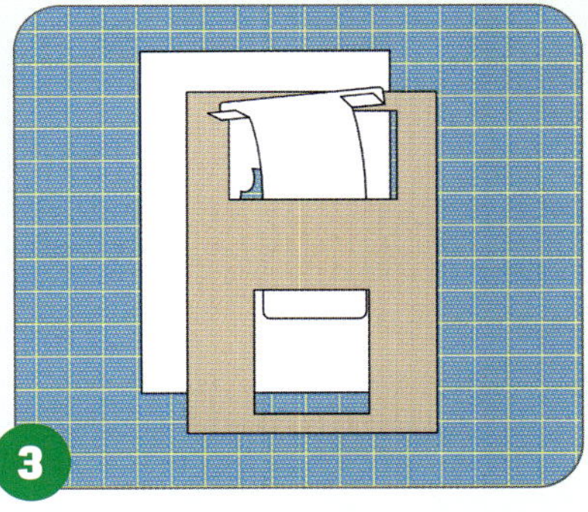

3 Lege das Bild mit dem Gesicht nach unten auf die Arbeitsfläche und den Wellpapperahmen darüber. Fädele dann den Schieber zwischen die Fenster.

4 Schneide ein Stück Overheadfolie in der Größe des Bildes zurecht und positioniere es auf der Vorderseite des Bildes.

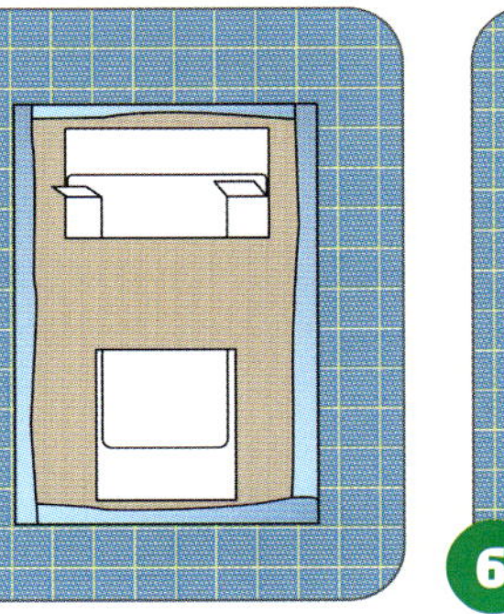

5 Klebe die Overheadfolie mit dem Bild und der Wellpappe zusammen, indem du Deko-Klebeband die Ränder entlang klebst und auf die Rückseite umschlägst.

6 Male zum Schluss die Umrisse und das Gesicht mit einem wasserfesten Filzstift auf die Folie auf.

Sieben Zwerge gehen zu Bett

Auch in der Hütte im Wald ist Schneewittchen nicht zu finden. Nur die Sieben Zwerge sind zu Hause – und haben gar keine Lust, ins Bett zu gehen, obwohl es schon längst Schlafenszeit ist.

Das sehen deine Zuschauer:

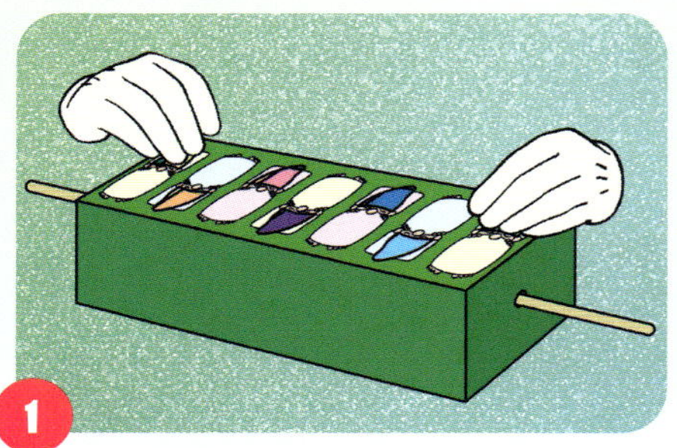

1 Du zeigst eine Schachtel mit sieben schlafenden Zwergen auf dem Deckel. Ihre bunten Mützen sind kleine Fenster, die die darunter liegenden Schwämme zeigen.

2 Du öffnest die Schachtel und zeigst, dass alle Schwämme (die Zwerge) durch einen Holzspieß in der Schachtel gehalten werden.

3 Du ziehst den Holzstab heraus und zeigst, dass alle Schwämme ein Loch haben, durch das der Holzstab gesteckt wird.

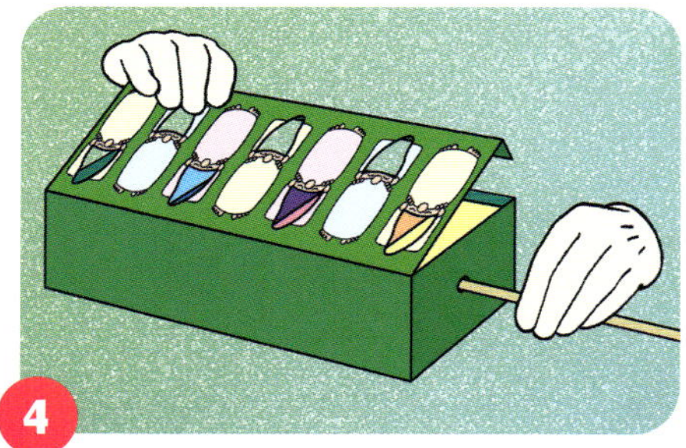

4 Nun legst du einen Schwamm nach dem anderen wieder in die Schachtel zurück und steckst zum Schluss auch wieder den Holzstab durch die Löcher.

5 Nun öffnest du den Deckel und entnimmst ihr zwei Schwämme (das sind die Zwerge, die nicht schlafen wollen).

6 Du zeigst den Zuschauern die geöffnete Schachtel, in der alle anderen Schwämme durch den Holzstab festgehalten werden.

Das ist dein Geheimnis:

Wenn du die „Schwammzwerge“ zurück in ihre Bettchen legst, drehst du zwei der Schwämme so, dass der Spieß zwischen ihnen hindurchgeht. Der Deckel der Box hilft, diese Aktion zu verdecken, sodass dein Publikum davon nichts mitbekommt.

„Vor der wütenden Königin bin ich schnell geflüchtet und habe Schneewittchen bei den Zwergen im Wald gesucht. Die Hütte hatte ich bald gefunden [*du holst die Schachtel hervor*] und die Zwerge waren auch zu Hause [*du zeigst, wie die Schwämme mit dem Holzstab in der Schachtel festgehalten werden*]. Es war schon Schlafenszeit und die Zwerge mussten ins Bett [*du holst die Schwämme aus der Schachtel, zeigst die Löcher und legst sie wieder in die Schachtel*]. Aber zwei der Zwerge hatten noch keine Lust, ins Bett zu gehen [*du holst zwei Schwämme aus der Schachtel*]. Die frechen Zwerge!

Das brauchst du:

ZUM BASTELN

14 bunte Topfschwämme

dicke Papierstrohhalme

dunkelgrüner Fotokarton (DIN A3)

weißer Zeichenkarton (DIN A4)

FÜR DIE VORSTELLUNG

Holz- oder Bambusstab, mindestens 40 cm lang

Vorlage für die Zwerge: Seite 58

Das ist zu basteln:

1 Löse die rauen Seiten vorsichtig von den Topfschwämmen ab. Dazu brauchst du viel Geduld und auch ein bisschen Kraft. Lass dir am besten dabei helfen.

2 Klebe immer je zwei gleichfarbige Schwämme mit ihrer rauen, „unschönen“ Seite aufeinander. Verwende dazu am besten Alleskleber.

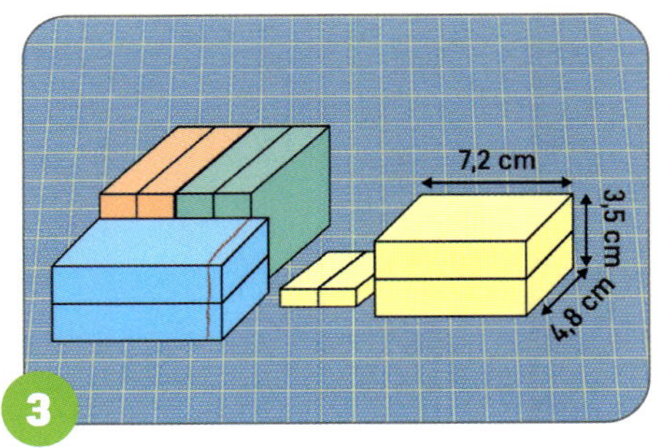

3 Schneide dir die zusammengeklebten Schwämme zurecht: Sie sollten nur ein bisschen breiter als zwei nebeneinandergelegte Schwämme sein.

4 Da es die Topfschwämme meist nur in fünf unterschiedlichen Farben gibt, musst du die restlichen Schwämme mit Acrylfarbe einfärben.

5 Bastle dir eine Papierschablone für den Mittelpunkt eines Schwamms. Übertrage diesen Mittelpunkt mithilfe der Schablone auf alle Schwämme.

6 Dort, wo du die Mitte markiert hast, bohrst du mit einem Bleistift oder einer Stricknadel ein Loch in jeden Schwamm.

7 Schneide dir von den dicken Strohhalmen sieben passende Stücke ab, die du in die gebohrten Löcher steckst.

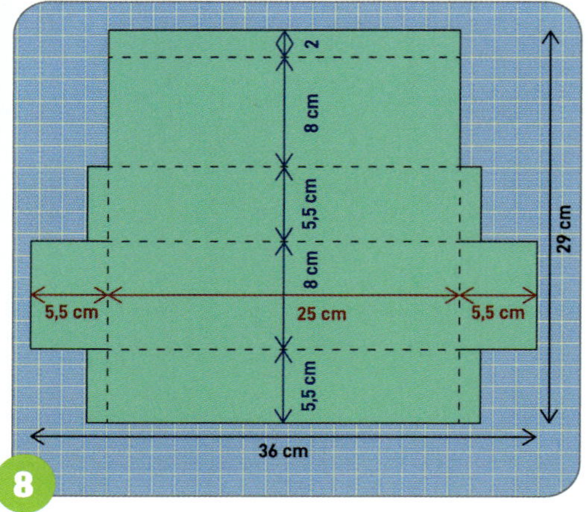

8 Schneide aus dem dunkelgrünen Fotokarton ein 29 × 36 cm großes Stück wie auf der Abbildung zurecht. Wenn du handelsübliche Schwämme verwendest, wird die Schachtel 25 × 8 × 5,5 cm groß.

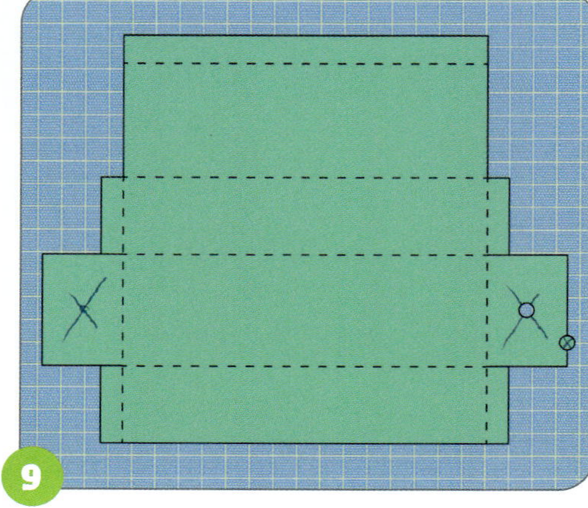

9 Andernfalls musst du (eventuell mit etwas Unterstützung) die Maße an deine Schwämme anpassen.
Markiere auf den Seitenteilen der Schachtel jeweils den Mittelpunkt und schneide dort ein Loch aus.

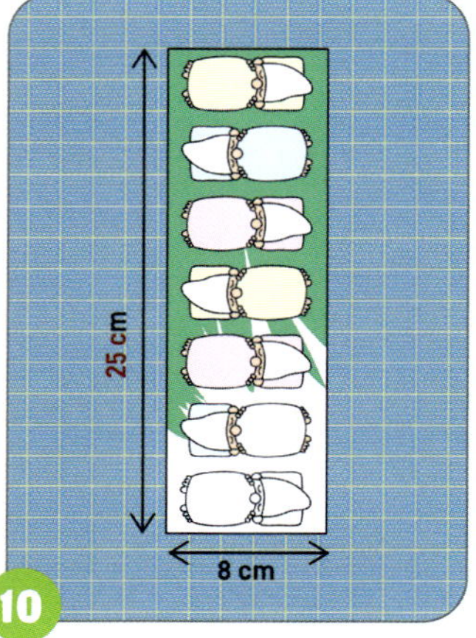

10 Übertrage den Zwerg im Bett von Seite 58 siebenmal auf ein 25 × 8 cm großes Stück Zeichenkarton und male alles passend an.

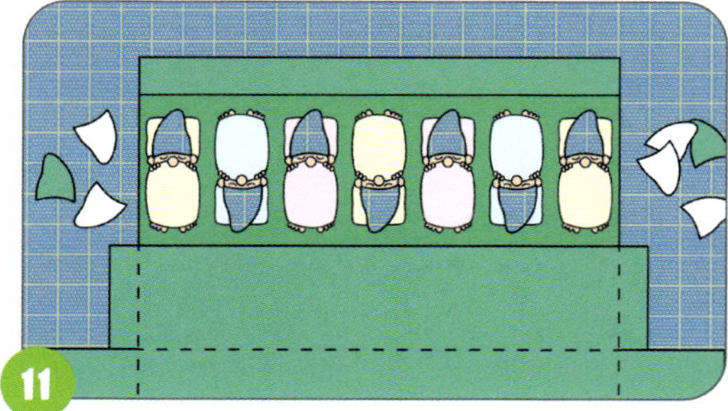

11 Klebe den Zeichenkarton auf den Deckel der Schachtel auf und schneide alle Zwergenmützen aus. Durch diese „Fenster“ sind später die bunten Schwämmchen zu sehen.

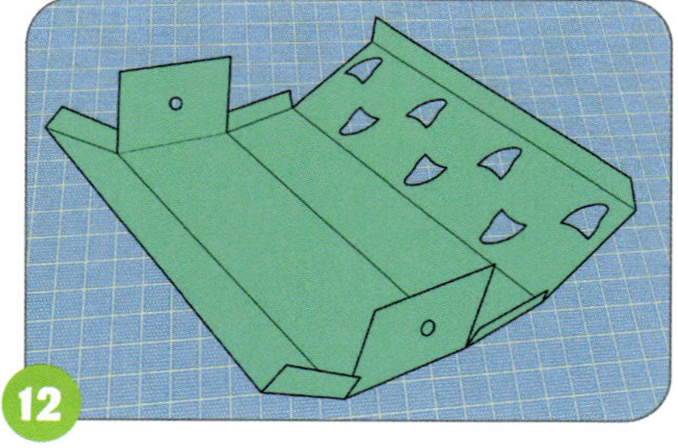

12 Wenn der Kleber gut getrocknet ist, falzt du alle Kanten gut vor und biegst die Seiten zu einer Schachtel zusammen.

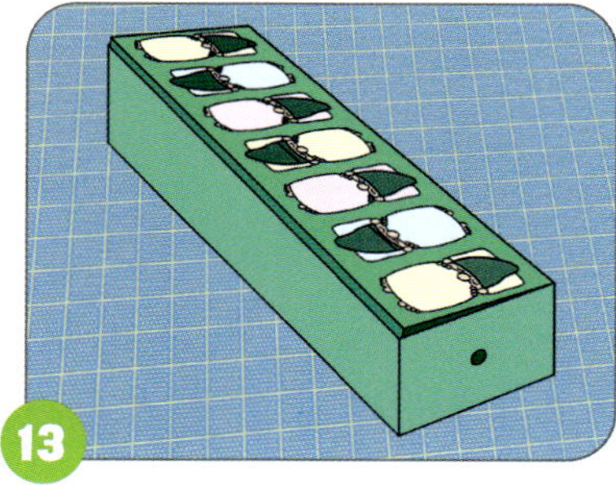

13 Zum Schluss klebst du die fertige Schachtel zusammen. Achte darauf, dass sich der Deckel gut öffnen lässt.

Rumpelstilzchen und sein Cousin

Wie du aus dem Märchen weißt, hat Rumpelstilzchen einen ganz miesen Charakter. Doch sein Cousin Simpelrunzchen ist ganz anders, ihm bedeutet Gold nämlich gar nichts, er hätte lieber Stroh für seine Haustiere. Da ist Streit vorprogrammiert.

Das sehen deine Zuschauer:

1 Du zeigst eine Röhre mit vier Puscheln aus Seidenpapier; es gibt eine „Gold"- und eine „Stroh"-Seite. Auf der Stroh-Seite hängt eine Schnur heraus.

2 Du ziehst am Puschel an der Gold-Seite. Sobald der Puschel nach unten gezogen wird, bewegt sich sich der Stroh-Puschel nach oben. Die beiden scheinen durch die Schnur verbunden zu sein.

3 Du ziehst die Schnur noch einmal hin und her, bis die Stroh-Seite wieder die lange Schnur zeigt. Dann ziehst du am oberen Stroh-Puschel. Nun scheinen die beiden Stroh-Puschel durch die Schnur verbunden zu sein.

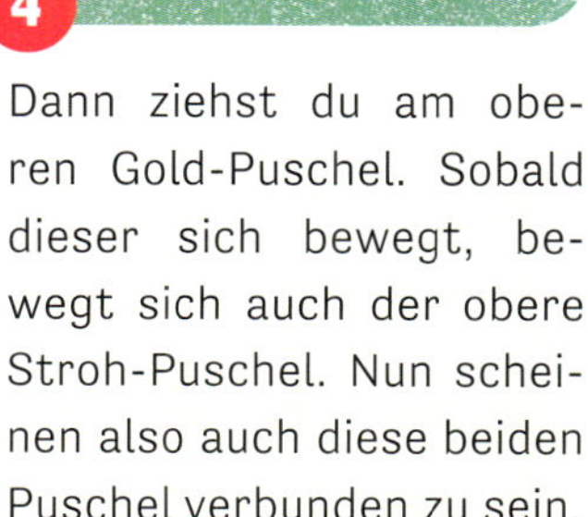

4 Dann ziehst du am oberen Gold-Puschel. Sobald dieser sich bewegt, bewegt sich auch der obere Stroh-Puschel. Nun scheinen also auch diese beiden Puschel verbunden zu sein.

Das ist dein Geheimnis:

Die beiden Schnüre sind innerhalb der Röhre miteinander verbunden. Sie bilden sozusagen eine ineinander verschlungene Schlaufe. So kann der Zuschauer nicht genau verfolgen, welche Enden der Schnüre eigentlich zusammengehören.

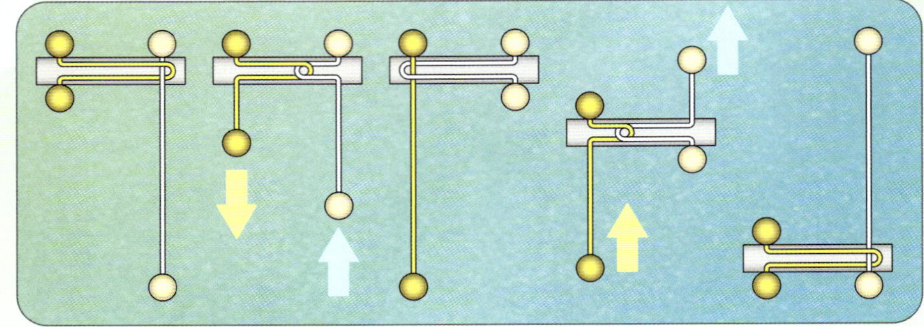

Rumpelstilzchen kennt man ja. Der ist ein ziemlich gemeiner Kerl, immer auf Gold und Reichtümer aus. Aber kaum jemand weiß, dass er einen Cousin namens Simpelrunzchen hat [*hier zeigst du die Röhre mit den beiden Figuren*]. Der ist ganz anders. Immer wenn Rumpelstilzchen mal wieder Stroh zu Geld gesponnen hat [*du ziehst am unteren Gold-Puschel*], spinnt er es in Stroh zurück [*du ziehst am unteren Stroh-Puschel*] – für seine Haustiere. So geht das oft eine ganze Weile hin und her [*du ziehst abwechselnd an den unteren Puscheln*]. Bis es Simpelrunzchen zu viel wird und er das Stroh in Sicherheit bringt [*du ziehst am oberen Stroh-Puschel*]. Aber Rumpelstilzchen bleibt stur und ruft: „Ich will aber mein Gold!“[*Du ziehst am oberen Gold-Puschel*].

Das brauchst du:

Vorlage für die Rumpelstilzchen-Figuren: Seite 58

Das ist zu basteln:

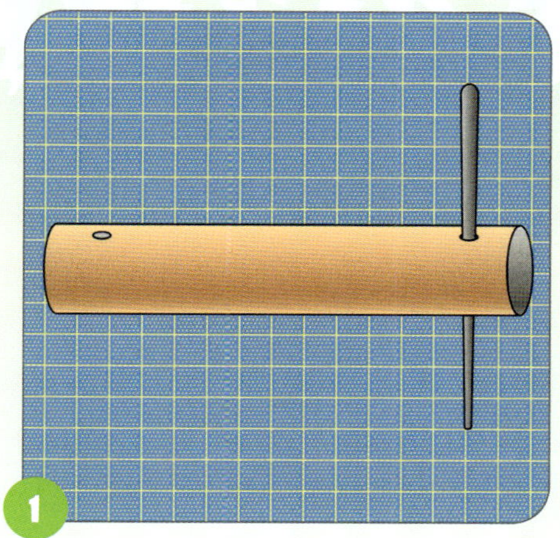

Male die Papprröhre bunt an, am besten so braun wie einen Baumstamm. Bohre dann vier Löcher in die Röhre. Die Löcher sollten etwa 3 cm vom Rand entfernt sein und sich gegenüberliegen.

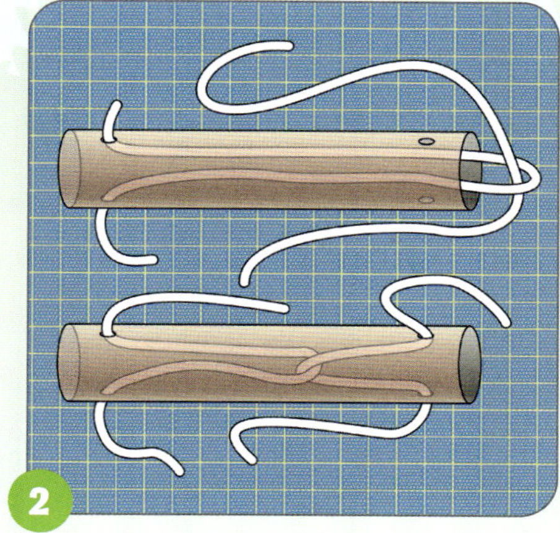

Teile die Schnur in zwei etwa 80 bis 100 cm lange Stücke. Fädele dann die Enden einer Schnur durch die beiden Löcher einer Seite und ziehe danach eine lange Schlaufe aus dem anderen Ende der Röhre heraus. Fädele die andere Schnur durch die Schlaufe. Fädele die Enden dieser Schnur dann durch die Löcher an diesem Ende der Röhre. Ziehe die Schlaufen in die Röhre hinein.

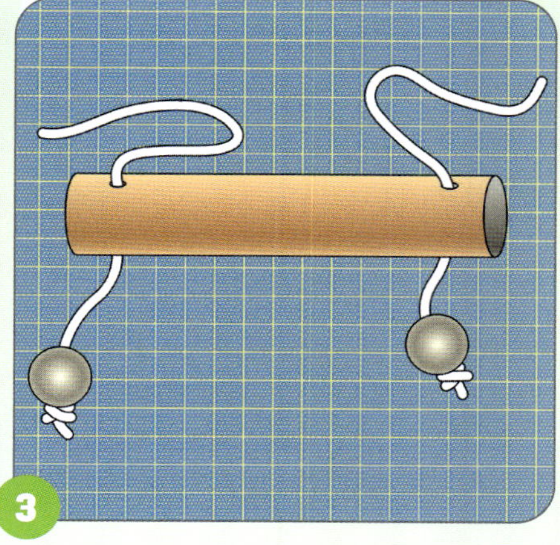

Fädele je ein Ende einer Schnur durch die Holzperlen und verknote die Enden gut, sodass die Schnüre nicht durch die Löcher in den Perlen rutschen können.

Ziehe die Schnur an einem Ende gerade (in der Abbildung ist das die rechte Schnur), dass die andere Schnur die größtmögliche Schlaufe in der Röhre bildet (das ist in der Abbildung die linke Schnur). Fädele eine weitere Holzperle so auf, dass sie dicht an der Papprröhre sitzt, und mache einen Knoten zur Befestigung. Wiederhole den Schritt mit der Schnur auf der anderen Seite.

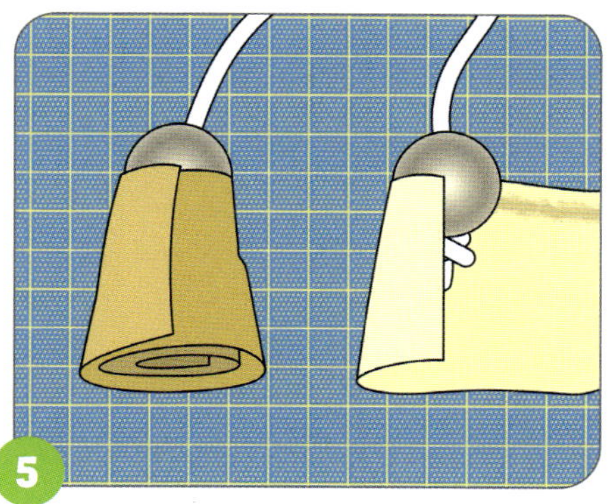

Klebe nun etwa 8 cm breite Streifen aus Seidenpapier an die Holzperlen. Dazu bestreichst du den oberen Rand des Seidenpapiers mit Klebstoff und wickelst ihn um die Holzkugel.

Schneide (von der „offenen" Seite her) Fransen in das Seidenpapier. Wenn du diese ein wenig „verwuschelst", erhältst du Seidenpapier-Puschel. Übertrage die beiden Wichtel von Seite 58 auf Zeichenkarton, male sie an, schneide sie aus und klebe sie oben auf die Röhre.

Aschenputtels Kleiderschrank

Seit Aschenputtel ihren Prinzen geheiratet hat, bekommt sie jeden Wunsch von den Augen abgelesen. Und von ihrer Fee ist sie sogar mit einem ganz besonderen Zauberschrank beschenkt worden: Ganz gleich, welches Kleid sie sich wünscht, sie wird es darin finden.

Das sehen deine Zuschauer:

1 Du zeigst den Schrank vor und drehst ihn einmal herum. So zeigst du, dass auch die Rückseite ganz „normal“ ist.

2 Du öffnest die hintere und die vordere Schranktür. Um zu zeigen, dass der Schrank leer ist, greifst du mit der Hand hindurch.

3 Du schließt die beiden Türen wieder. Auch drehst du den Schrank noch einmal ganz herum; es hat sich nichts verändert.

4 Du greifst von oben in den Schrank hinein und holst ein Kleid heraus.

5 Du wiederholst das Ganze noch zweimal – Aschenputtel hatte ja bekanntlich drei Ballkleider.

Das ist dein Geheimnis:

Es gibt natürlich ein Geheimfach, in dem die drei Kleider versteckt sind. Es befindet sich an der Innenseite der hinteren Tür. Darum musst du während der Aufführung diese Tür zuerst öffnen. Dann erst öffnest du die vordere Tür – und zeigst so das vermeintlich leere Innere des Schranks. Auch solltest du die Türen immer gut verschlossen halten, wenn du den Schrank um sich selbst drehst.

„Auf dem Heimweg kam ich am Schloss von Aschenputtel vorbei. Die ist jetzt sehr glücklich mit ihrem Prinzen. Was jedoch aus der Stiefmutter mit ihren Töchtern geworden ist, darüber schweigt man vornehm. Im Schloss durfte ich den berühmten Kleiderschrank sehen [*du zeigst den Schrank*], in dem Aschenputtel ihre Ballkleider aufbewahrt. Allerdings ist der Schrank irgendwie immer leer [*du demonstrierst, dass der Schrank leer ist*]. Aber ihre Kleider sind dennoch wunderschön, so wie dieses hier [*du holst das erste Kleid aus dem Loch im Schrank*]. Sehr merkwürdig, wo der Schrank doch leer war ... [*Du zeigst den Schrank erneut leer und wiederholst den Trick noch zweimal.*]

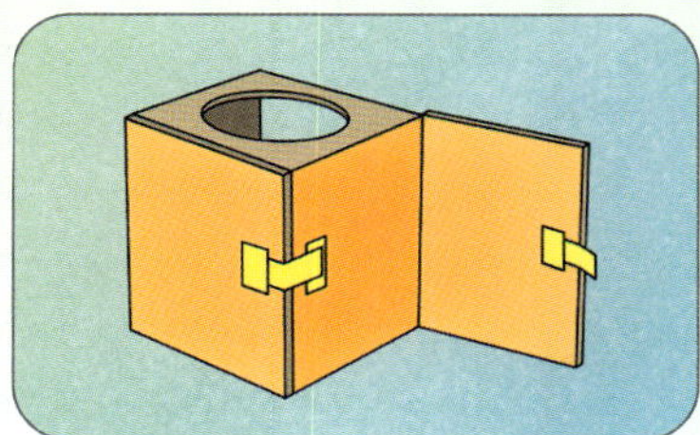

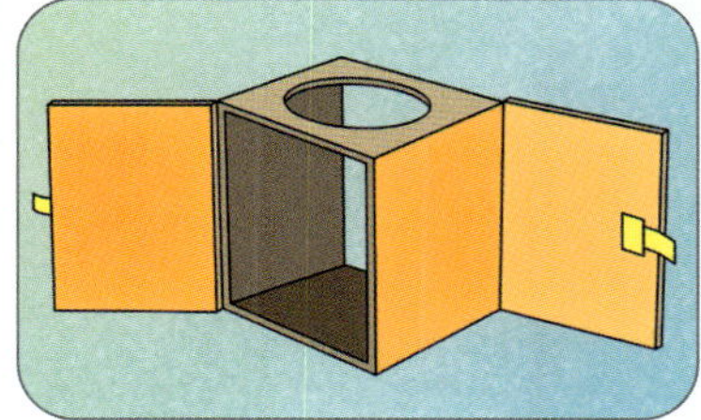

Das brauchst du:

ZUM BASTELN

- hellbrauner oder bedruckter Fotokarton (2 × DIN A4)
- Wellpappe
- dunkelbrauner Fotokarton (1 × DIN A3, 1 × DIN A4)
- Textilklebeband
- dünner Bastelfilz in unterschiedlichen Farben
- bunte, möglichst dünne Stoffreste (z. B. Organza aus Polyester)

Vorlage für die Kleider: Seite 58

Das ist zu basteln:

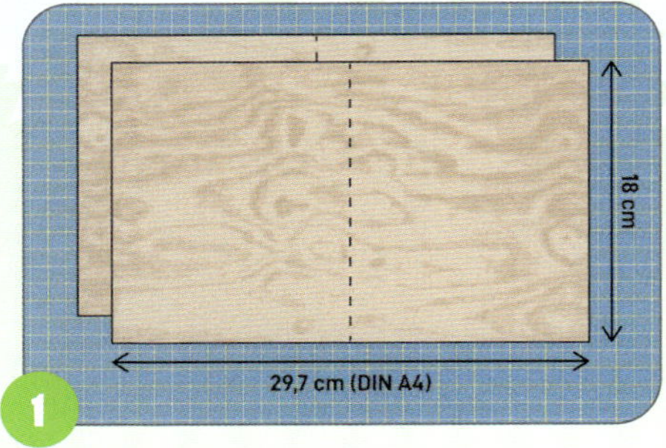

Schneide aus dem hellbraunen bzw. bedruckten Fotokarton zwei je 18 × 29,7 cm große Rechtecke zurecht. 29,7 cm ist die Länge eines DIN-A4-Bogens.

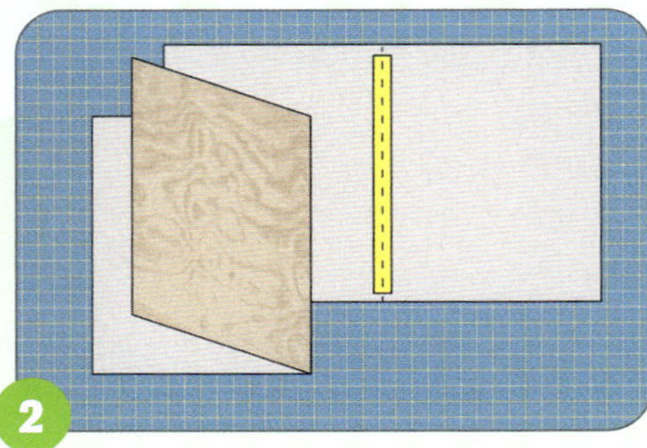

Falze die Rechtecke wie auf der Abbildung in der Mitte. Verstärke den Falz auf der Innenseite des Bogens mit je einem Streifen Textilklebeband.

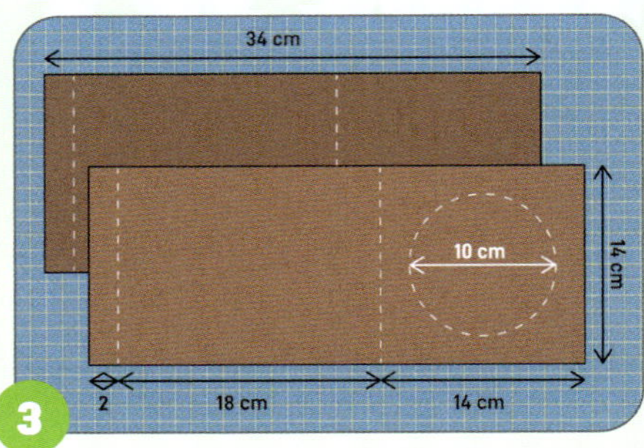

Schneide aus dem großen Bogen dunkelbraunen Fotokarton zwei je 14 × 34 cm große Rechtecke zurecht. Zeichne auch die Falze an: ein 14 cm und ein 18 cm breites Stück sowie 2 cm für den Kleberand.

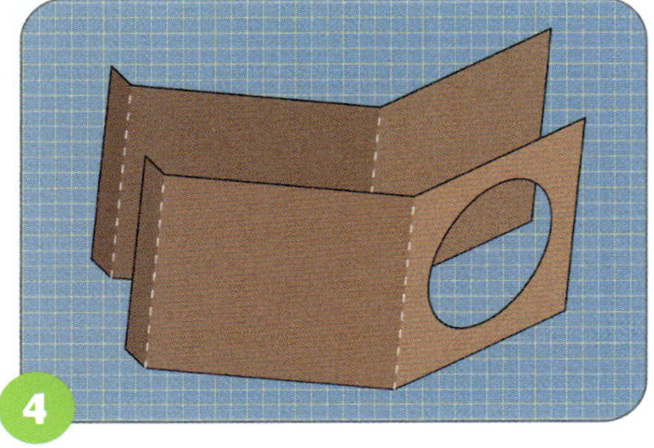

Schneide aus einem der beiden 14 × 14 cm großen Abschnitte einen Kreis mit einem Durchmesser von 10 cm aus. Falze die beiden Rechtecke entlang der Markierung vor.

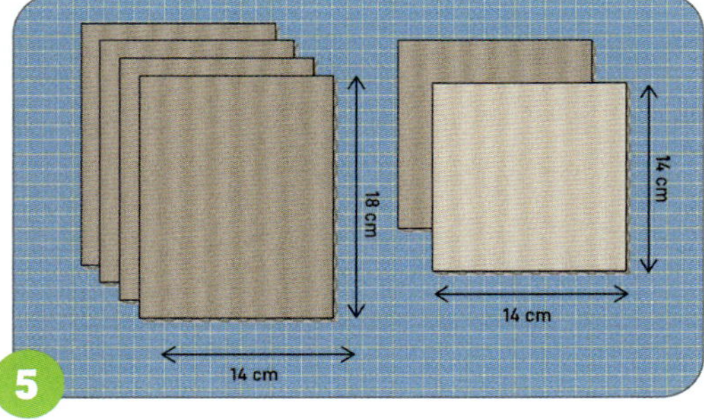

Schneide aus der Wellpappe vier je 18 × 14 cm Rechtecke und zwei je 14 × 14 cm große Quadrate zurecht.

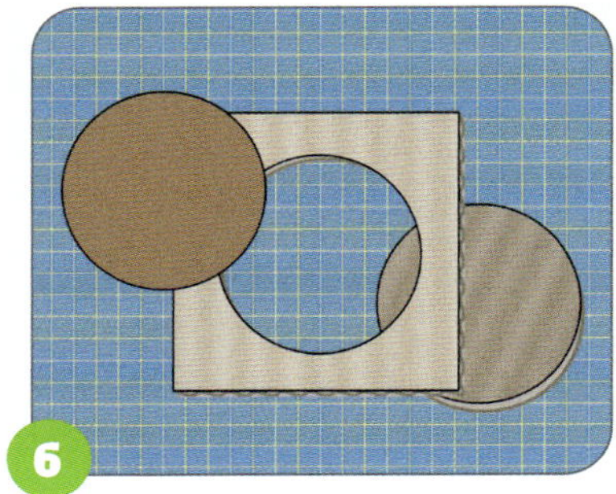

Schneide aus einem der Wellpappe-Quadrate einen 10-cm-Kreis aus. Du kannst den ausgeschnittenen Rest aus Schritt 4 als Vorlage nehmen.

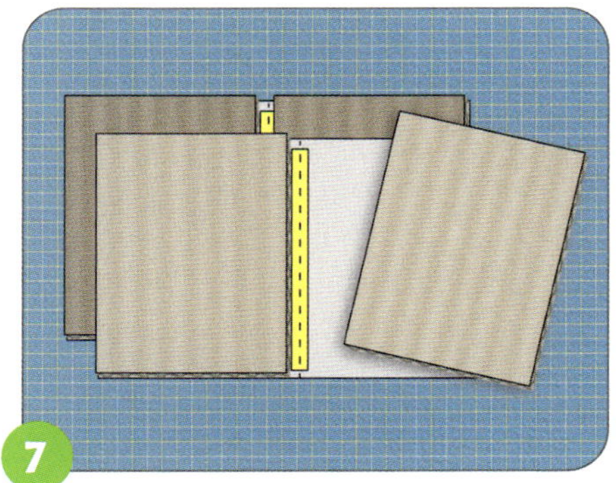

Klebe die vier Wellpappe-Rechtecke auf die Innenseiten der hellen Fotokarton-Rechtecke. Richte sie an den Außenkanten aus, sodass am Falz ein Streifen frei bleibt.

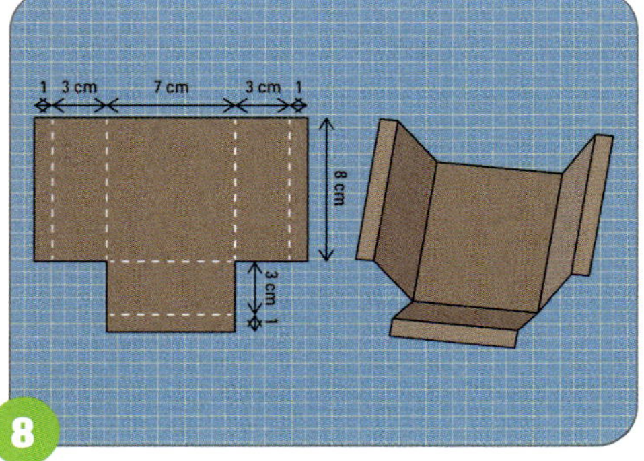

Bastle nun das Geheimfach. Schneide zuerst aus dem verbliebenen Bogen Fotokarton ein T-förmiges Gebilde aus. Das Rechteck in der Mitte (Breite × Höhe) misst 7 × 8 cm, die Seiten sind je 3 cm breit, die Kleberänder je 1 cm.

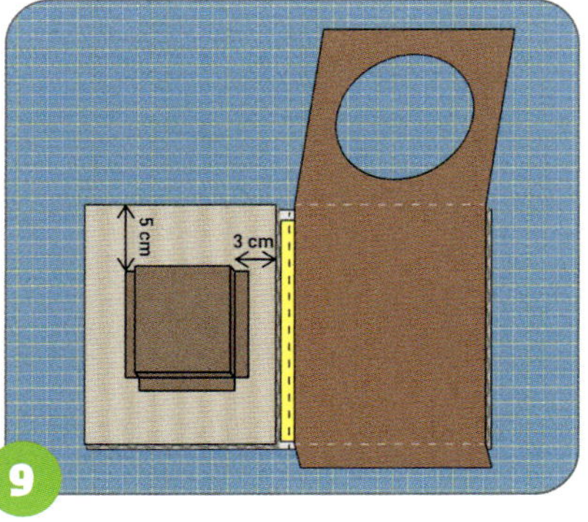

Klebe das Geheimfach auf eine linke Seite eines Wellpappe-Tonpapier-Elements auf. Es soll 3 cm vom Falz und 5 cm von der Oberkante entfernt sein. Klebe auch das Rechteck mit dem Loch wie auf der Abbildung auf.

10 Drehe das Element um und klebe das Wellpappe-Quadrat mit dem Loch passend auf das überstehende Stück Tonkarton auf.

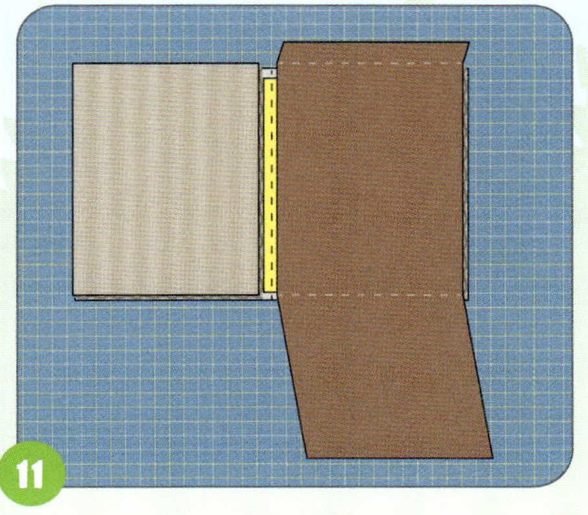

11 Klebe das andere große Rechteck auf die rechte Seite des verbliebenen Wellpappe-Tonpapier-Elements auf. Achte darauf, dass der quadratische Abschnitt unten liegt.

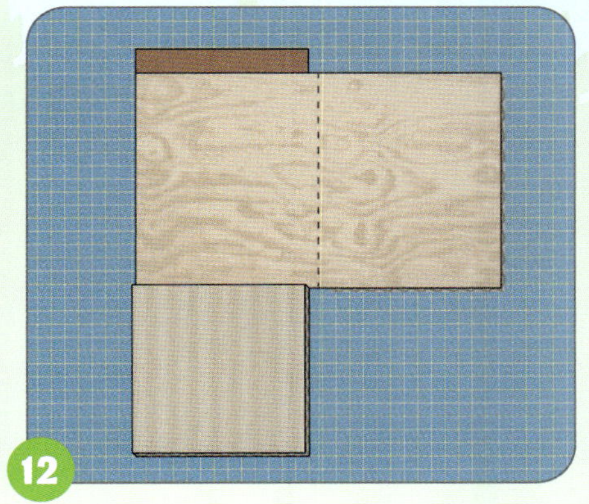

12 Drehe das Element um und klebe das restliche Wellpappe-Quadrat passend auf das unten überstehende Stück Tonkarton auf.

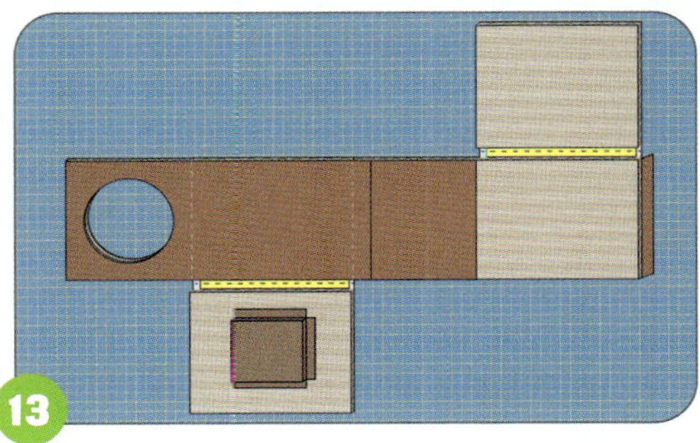

13 Verbinde die beiden Wellpappe-Tonpapier-Elemente nun zu einem Gebilde wie auf der Abbildung. Dazu klebst du den Kleberand auf den quadratischen Abschnitt ohne Loch.

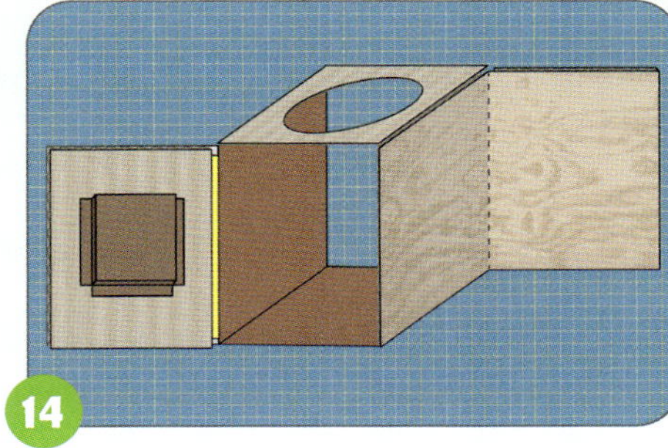

14 Dann klebst du den zweiten Kleberand an den Abschnitt mit dem Loch an. So erhältst du eine Art viereckige Röhre: Der Zauberschrank ist fertig.

15 Bringe an beiden Türen noch „Türschlösser“ aus Textilklebeband an. Dazu klebst du drei Streifen wie auf der Abbildung an die Türkanten an. Du findest diesen Schritt auch noch einmal auf Seite 53 beschrieben.

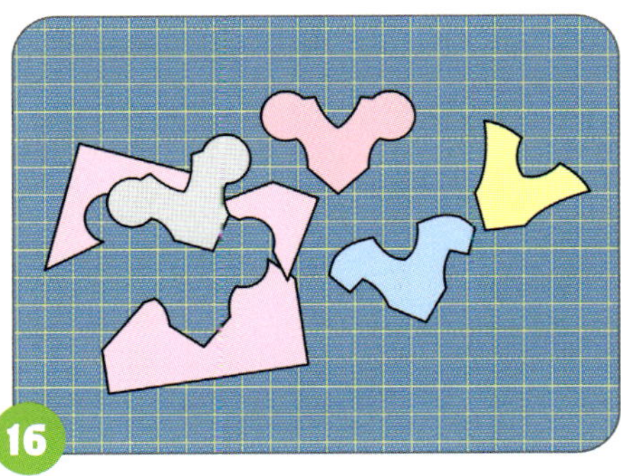

16 Um Aschenputtels Kleider zu basteln, zeichnest du zuerst die drei Oberteile nach der Vorlage auf Seite 58 auf dünnem Bastelfilz nach. Dann schneidest du sie aus.

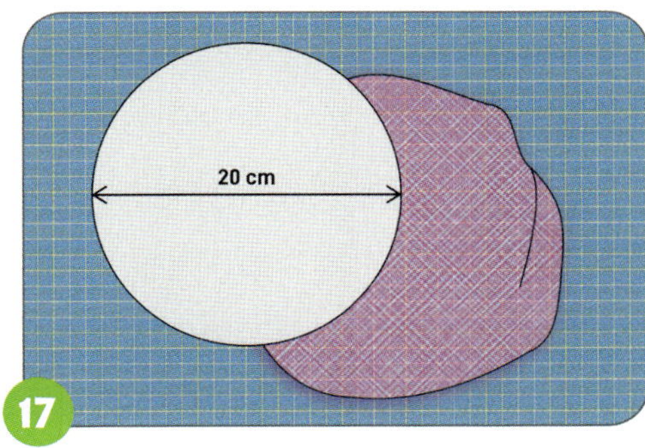

17 Fertige dir aus einem Reststück Karton eine Kreisschablone mit einem Durchmesser von 20 cm. Schneide mithilfe dieser Schablone drei Stücke aus dem dünnen Stoff aus.

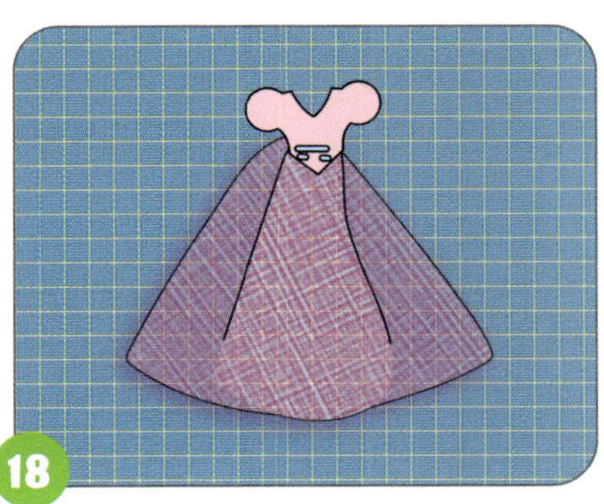

18 Mit einem Hefter („Tacker“) befestigst du die Filzteile jeweils auf den zusammengelegten („gerafften“) Stoffkreisen.

Deine Bühne:

Die Tricks für das Weltraumabenteuer benötigen einigermaßen viel Platz. Darum werden auch nicht alle Requisiten in deine Zauberkiste passen. Auf jeden Fall gehören alle Karten für die Kursbestimmung („Wohin geht die Reise?“) und das Schwarze Loch dort hinein. Die Spiegelkiste und den Teleporter kannst du neben oder vor die Zauberkiste stellen.
Du solltest eine größere Ablagekiste auf einen Stuhl neben deinen Tisch stellen, wo du alle Requisiten nach dem jeweiligen Trick sicher vor den Blicken des Publikums abstellen kannst. Außerdem brauchst du die Servante.

Vorbereitung:

Alle deine Geheimfächer sollten gefüllt sein. Die Karten liegen griffbereit, sodass du nicht erst lange in der Kiste wühlen musst. Die Spiegelkiste ist geschlossen und die Röhre steckt im Teleporter, von dem die Zuschauer nur die Rückseite sehen. Die Waschroboter-Röhre steht schon (mit der richtigen Öffnung nach oben) auf dem Tisch und die „schmutzigen“ Wäschestücke liegen in der Zauberkiste. Die Röhre sollte unbedingt in der Nähe der Servante stehen.

! Du solltest für diese Vorstellung auf jeden Fall ein schwarzes Oberteil tragen (z. B. ein T-Shirt), da mehrere Tricks das Prinzip der „Schwarzen Kunst“ verwenden.

Die Geschichte:

„Wenn ich mal gefragt werde, was ich später einmal werden will, dann sage ich natürlich: „Zauberer (Zauberin)!“ Aber ich würde auch gerne Astronaut (-in) werden. Ich finde den Weltraum einfach toll! [*Hier kannst du beispielsweise erzählen, was dich an fremden Sternen und Planeten begeistert*.] Und dann erst die Schwarzen Löcher – in denen verschwindet einfach alles, sogar Licht. Wenn es nicht so gefährlich wäre, würde ich da gerne mal hin. Warum unternehmen wir diese Reise nicht einfach gemeinsam? Und zwar hier und jetzt ...

Ein Weltraumabenteuer

Im All mit Teddy Schweinske

Von Teddy Schweinske, deinem heimlichen Hauptdarsteller, erfährt das Publikum zunächst noch nichts, der tritt erst später auf. Zuerst einmal nimmst du die Zuschauer mit auf eine Reise ins Weltall, das Ziel dürfen sie sogar (vermeintlich) selbst bestimmen. Unglaubliche Weltraumtechnologie und geheimnisvolle Schwarze Löcher bieten dir jede Menge Möglichkeiten für Verschwindezauber.

Der Weltraum-Wäsche-Roboter

Bevor du deine Reise ins Weltall antrittst, musst du erst einmal packen. Aber du hast gar keine sauberen Astronautenanzüge mehr. Kein Problem für dich, denn es gibt ja den vollautomatischen Waschroboter.

Das sehen deine Zuschauer:

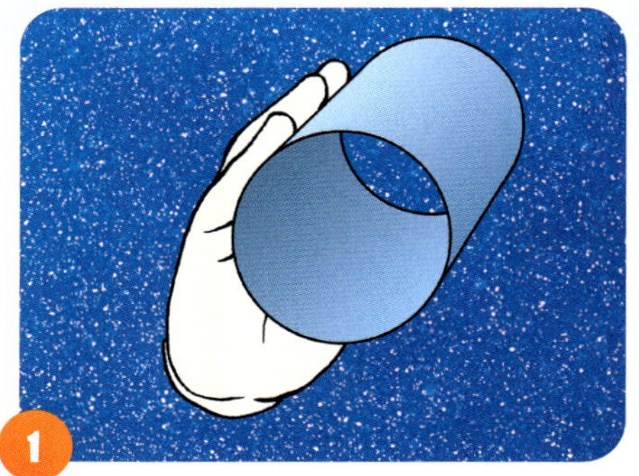

1 Du zeigst eine leere Röhre so, dass deine Zuschauer durch sie hindurchgucken können.

2 Du stellst die Röhre auf den Tisch und gibst sechs kleine „Kleidungsstücke" und eine Schnur hinein.

3 Nun schiebst und rüttelst du die Röhre etwas hin und her. Dann ziehst du die Kleidungsstücke heraus, die jetzt an der Schnur aufgereiht sind.

Das ist dein Geheimnis:

In der Röhre sitzt noch eine zweite Röhre aus Tonpapier, sie hat die gleiche Farbe. Dadurch, dass sie auf einer Seite eine kleinere Öffnung als die äußere Röhre hat, entsteht ein Geheimfach. Das ist für die Zuschauer unsichtbar, wenn sie in die Röhre sehen. Die hintere Öffnung einer Röhre erscheint beim Hindurchsehen kleiner als die vordere Öffnung. Das nennt man Perspektive. Diesen Effekt nutzt du für deine Täuschung. Die einzelnen „Kleidungsstücke" lässt du in die Servante fallen.

„Bevor es losgeht mit dem Flug ins Weltall, muss ich wohl erst einmal meine Sachen zusammenpacken [*du holst die einzelnen Kleidungsstücke hervor*]. Oje, die sind ja alle noch ganz schmutzig von meinem letzten Abenteuer! Die muss ich schnell waschen. Glücklicherweise habe ich diesen Ultra-Super-Waschroboter für Astronauten [*du stellst die Röhre vor dich hin, gibst die Kleidungsstücke einzeln hinein und legst zum Schluss auch noch ein Stück „Wäscheleine" in die Röhre*]. Jetzt muss alles gut durchgerüttelt werden [*du schiebst die Röhre hin und her, die Sachen fallen in die Servante*]. Und schon ist alles fertig! [*Du ziehst die Wäsche an der Leine aus der Röhre.*]

Das brauchst du:

Vorlage für die Astronautenkleidung: Seite 64

Das ist zu basteln:

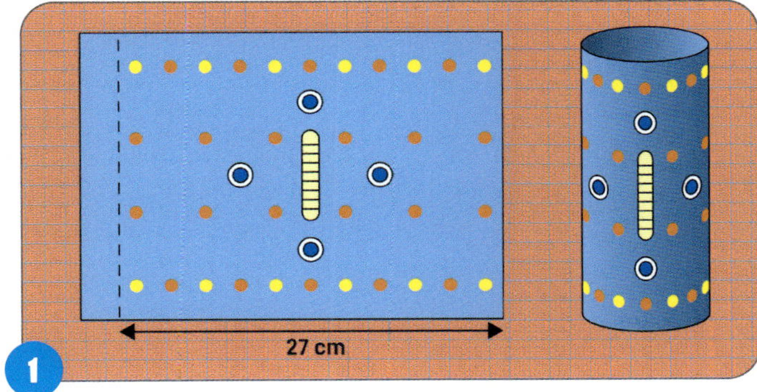

Markiere einen Kleberand auf einem Bogen Tonpapier. Er liegt 27 cm vom Rand entfernt. Bemale und dekoriere das Tonpapier und klebe ihn zu einer Röhre zusammen.

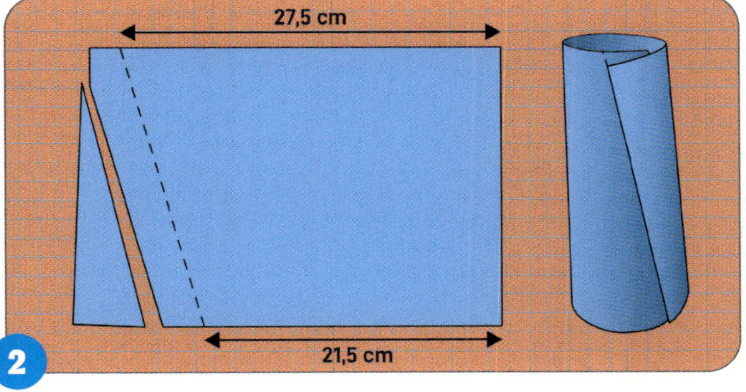

Zeichne auf dem zweiten Bogen Tonpapier einen schrägen Kleberand an: oben 27,5 cm und unten 21,5 cm vom Rand entfernt. Schneide den Kleberand zurecht und klebe das Tonpapier zu einer spitz zulaufenden Röhre zusammen.

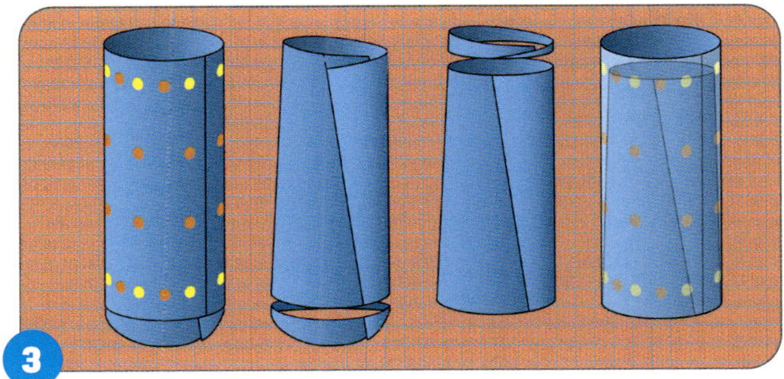

Stülpe die größere Röhre über die spitze Röhre. Zeichne dort, wo die Röhren aufeinanderstoßen, eine Linie an und schneide das überstehende Stück von der spitzen Röhre ab. Begradige den oberen Rand der spitzen Röhre. Klebe die spitze Röhre innen am Rand der größeren Röhre an, sodass sich eine glatte Abschlusskante ergibt.

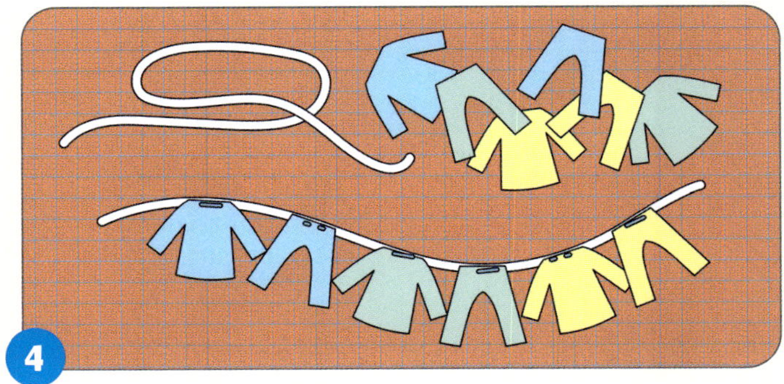

Schneide die doppelten Teile der Astronautenkleidung nach der Vorlage auf Seite 64 aus dünnem Bastelfilz aus. Schneide auch zwei Stück Geschenkband zurecht.

Wohin geht die Reise?

Eine Weltraumreise muss gut vorbereitet werden. Vor allem, wenn es ums Ziel der Mission geht. Deinen Kurs kannst du mithilfe von Sternkarten bestimmen. Am besten du lässt dir vom Publikum dabei helfen.

Das sehen deine Zuschauer:

1 Du nimmst die oberen sechs Spielkarten von einem Kartenspiel und bittest einen Zuschauer, sich eine dieser Karten zu merken, diese aber noch nicht zu verraten.

2 Während du die Karten auf den Stapel zurücklegst, holst du einen Umschlag hervor. In diesem befinden sich acht weltraummäßig aussehende Übersichtskarten.

3 Du bittest den Zuschauer, auf diejenigen Übersichtskarten zu zeigen, auf denen die von ihm ausgesuchte Spielkarte abgebildet ist.

4 Du steckst die soeben ausgewählten Übersichtskarten in den Umschlag und bist sofort in der Lage, die gesuchte Spielkarte zu benennen.

Das ist dein Geheimnis:

Vor der Aufführung hast du bereits die rechts abgebildeten Spielkarten oben auf den Kartenstapel gelegt.
Die kleinen Abbildungen dieser sechs (und anderer, ähnlicher) Spielkarten sind so auf den acht Übersichtskarten verteilt, dass du ganz automatisch erfährst, welche Karte sich dein Zuschauer (oder deine Zuschauerin) gemerkt hat. Die schwarzen Balken in der oberen linken Ecke der Overheadfolie „buchstabieren" den Kartenwert, wenn du die ausgewählten Übersichtskarten übereinander legst: PA für Pik Ass, P7 und P8 für Pik 7 und 8. Entsprechend stehen H3, H5, und H9 für Herz 3, 5 und 9. Damit das Publikum das nicht mitbekommt, gibt es den Umschlag. Wenn du alle Karten in den Umschlag gesteckt hast, kannst du im geheimen Fenster auf der Rückseite den Kartenwert ablesen.

„Als nächstes müssen wir das Ziel unserer Weltraummission bestimmen. Dabei könnt ihr (können Sie) mir helfen. Nehmen wir einfach mal sechs Sternkarten [*du nimmst die oberen sechs Spielkarten vom Stapel*] und wählen eine aus. Das wäre vielleicht deine (Ihre) Aufgabe [*du zeigst die Karten einem Zuschauer/einer Zuschauerin und forderst ihn/sie auf, sich eine Karte zu merken ohne sie zu verraten*]. Jetzt müssen wir den Kurs noch genauer bestimmen [*du holst den Umschlag mit den Übersichtskarten hervor*], dazu müsstest du (müssten Sie) mir alle Sternatlanten [*du zeigst die Übersichtskarten*] zeigen, auf denen deine (Ihre) Sternkarte zu finden ist [*du zeigst die Übersichtskarten eine nach der anderen; diejenigen, auf die gezeigt wird, steckst du in den Umschlag zurück*]. Ah, alles klar – hier geht die Reise hin: ... [*nachdem alle Karten im Umschlag sind, nennst du die gedachte Karte*].

Das brauchst du:

Vorlagen für die Kurs-Karten: Seite 61–63

ZUM BASTELN

2 Overheadfolien (transparente OHP-Folie, DIN A4)

Kopien oder Ausdrucke der Kartenbilder von Seite 62 und 63.

mittelblauer Fotokarton (2 × DIN A4)

Ein farbiger (blauer) Briefumschlag (DIN C6)

bunte Klebepunkte zum Dekorieren

FÜR DIE VORSTELLUNG

ein Kartenspiel: die Karten Pik Ass, 7 und 8 sowie Herz 3, 5 und 9 liegen oben auf dem Stapel.

Das ist zu basteln:

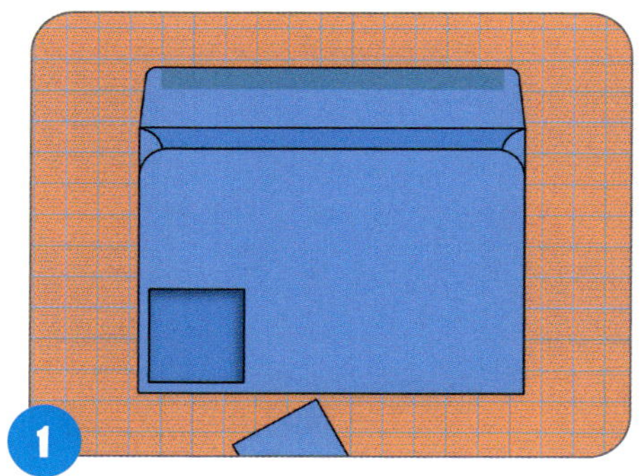

1 Schneide auf der Rückseite des Umschlags in der unteren linken Ecke ein etwa 4 × 4 cm großes Rechteck aus.

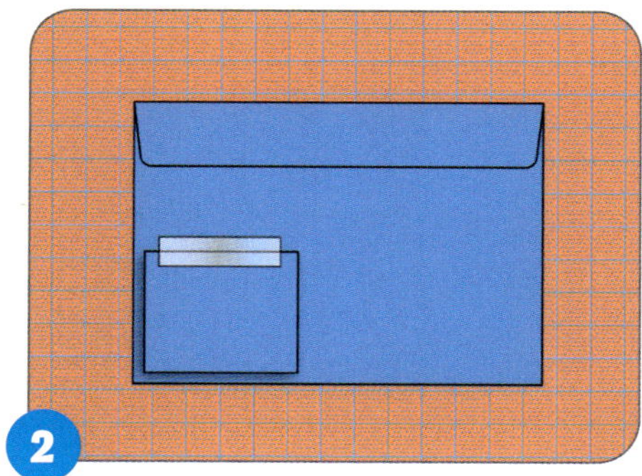

2 Wenn du dir nicht sicher bist, dass du das Loch mit der Hand verdecken kannst, bastelst du ein Türchen: Schneide aus einem zweiten Umschlag ein größeres Rechteck aus und klebe es mit „unsichtbarem“ Klebefilm an.

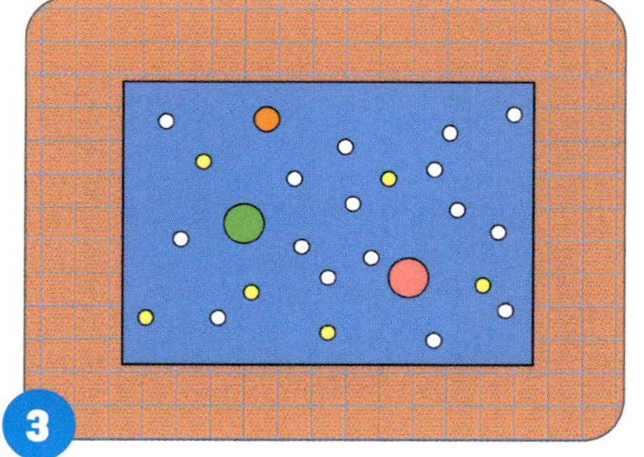

3 Dekoriere zum Schluss die Vorderseite des Umschlags. Das geht am einfachsten mit bunten Klebepunkten, so sieht es auch ziemlich weltraummäßig aus.

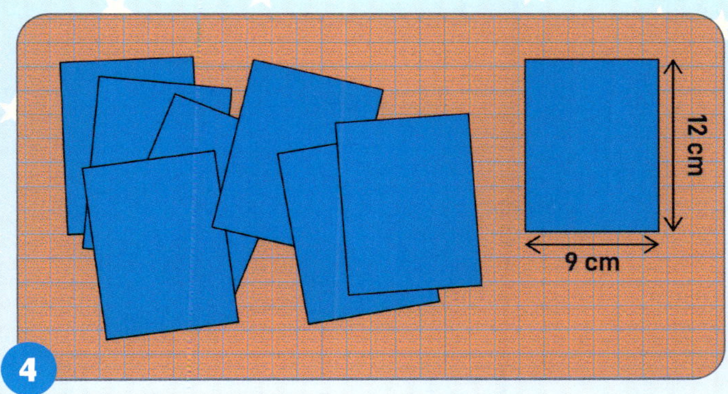

Schneide aus dem blauen Fotokarton acht 9 × 12 cm große Rechtecke zurecht.

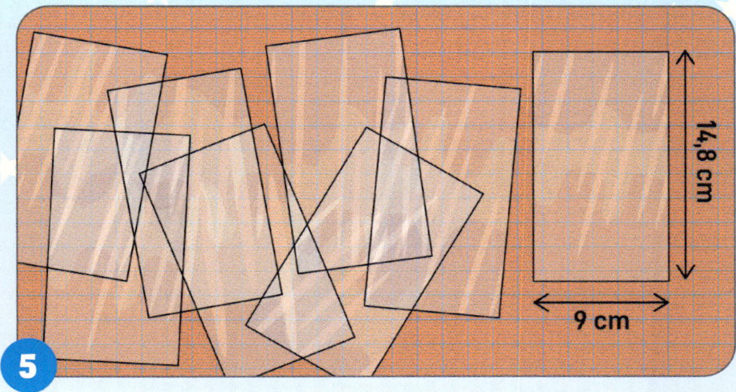

Schneide aus der Overheadfolie acht 9 × 14,8 cm große Rechtecke zurecht. 14,8 cm ist das Maß einer halben Längsseite des DIN-A4-Formats.

Übertrage mit einem wasserfesten Filzstift die Markierungen der Vorlage auf Seite 61 auf die Folienrechtecke. Lege dazu die Rechtecke so an die gedruckten Winkel an, dass die Markierungen links oben auf den Folien liegen.

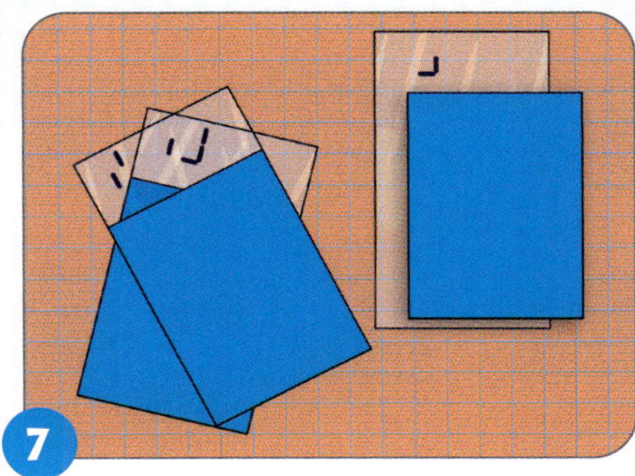

Klebe die blauen Fotokartonrechtecke mit Alleskleber auf die Folien auf. Dabei müssen die Markierungen auf den Folien oben links liegen und beide Rechtecke müssen unten bündig sein, das bedeutet, dass nichts übersteht.

Kopiere die Kartenbilder von Seite 62 und 63 aus oder lade sie mit dem Link von Seite 5 herunter und drucke sie aus. Falls du nur eine Schwarzweißvorlage kopieren oder ausdrucken kannst, male die Herzen rot und die Ränder blau an.

Schneide alle acht bunten Kartenbilder anschließend sorgfältig aus.

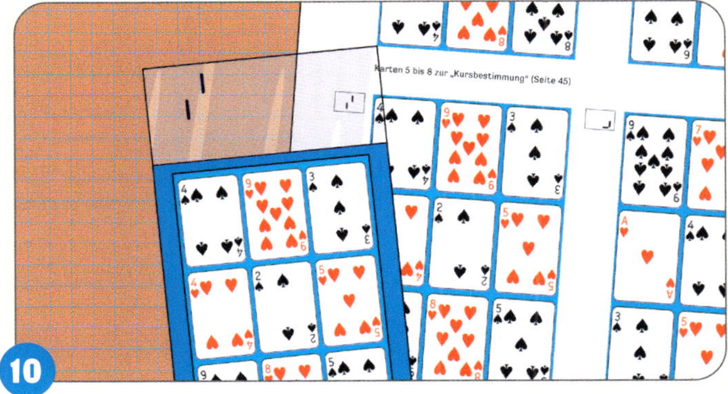

Klebe die Kartenbilder auf den blauen Fotokarton. Achte dabei darauf, dass die richtigen Bilder auf die Übersichtskarten mit den passenden Markierungen geklebt werden. Das kannst du anhand der Vorlagen auf Seite 62 und 63 kontrollieren.

Kurs aufs Schwarze Loch

Ein Schwarzes Loch ist ein Ort im Weltraum, an dem eine riesige Sonne bis auf einen klitzekleinen Punkt zusammengeschrumpft ist. Alle Dinge, die in die Nähe dieses Ortes kommen, werden wie von einem gigantischen Magneten angezogen und können nicht entkommen. Sogar Licht bleibt im Schwarzen Loch gefangen.

Das sehen deine Zuschauer:

1 Du zeigst eine Spielkarte mit einem Loch. Dies ist das „Schwarze Loch". Du kannst sogar mit deinem Finger durch das Loch fassen.

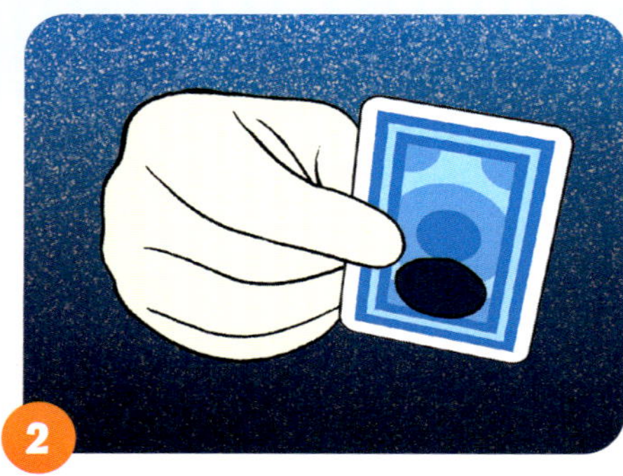

2 Du drehst die Karte um, das „Schwarze Loch" ist deutlich zu sehen.

3 Nun löst du einfach das Loch von der Rückseite der Karte ab. Die Kartenrückseite ist plötzlich heil. Hebe das „Loch" für den folgenden Trick auf.

Das ist dein Geheimnis:

Die Spielkarte besteht eigentlich aus zwei Karten: eine mit Loch und eine ohne. Sie sind am schmalen Ende miteinander verbunden, sodass du sie so in der Hand halten kannst, dass das Publikum zunächst nur die Seite mit dem Loch sieht. Wenn du die Karte „umdrehst", klappst du sie zusammen. Berücksichtige, dass der Trick das Prinzip der schwarzen Kunst verwendet (Seite 6).

„Jetzt, wo ich den Kurs kenne, gucken wir doch mal, wohin die Reise geht. Oje! Zu einem Schwarzen Loch. Das ist gefährlich, dort verschwindet einfach alles [*du holst die Spielkarte hervor und zeigst mit dem Finger durch das Loch*]. Aber im Astronautenhandbuch habe ich letztens gelesen, wie man sich in der Nähe eines Schwarzen Lochs verhalten soll [*du drehst ganz beiläufig die Karte um*]. Wenn man sein Raumschiff nicht vom Schwarzen Loch entfernen kann, entfernt man einfach das Schwarze Loch [*du ziehst den schwarzen Kreis von der Spielkarte ab*].

Das brauchst du:

Das ist zu basteln:

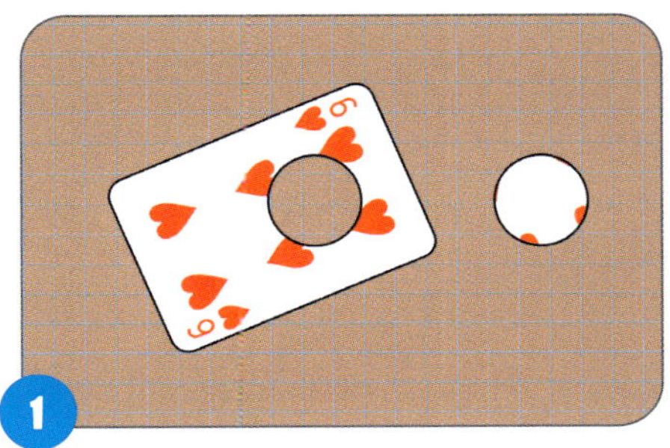

1 Schneide aus der Herz 6 einen Kreis mit einem Durchmesser von etwa 3,5 cm aus. Hebe den Kreis auf, du brauchst ihn als Vorlage in Schritt 4.

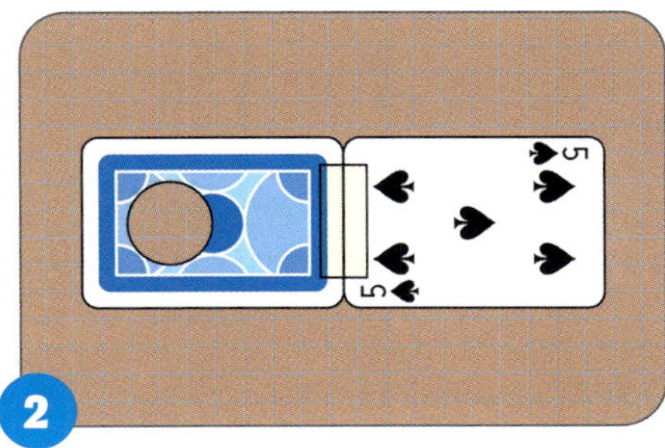

2 Klebe die Spielkarte mit dem Loch mit Klebefilm an die schmale Seite der zweiten Karte. Rückseite und Bildseite sollten oben sein.

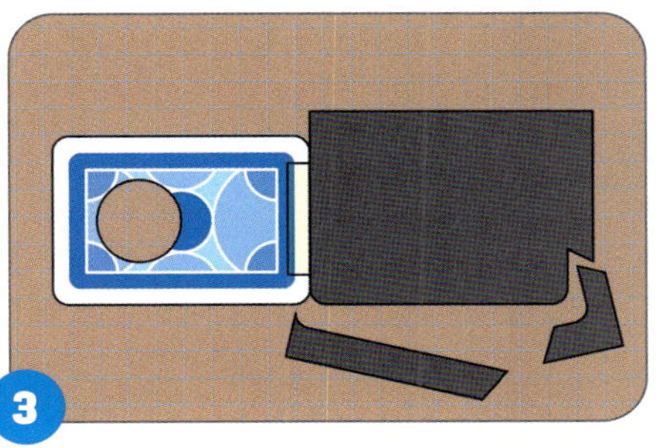

3 Klebe ein Stück schwarzes Tonpapier auf die Bildseite der zweiten Karte auf. Schneide die überstehenden Ränder sorgfältig ab.

4 Schneide einen Kreis aus schwarzem Tonpapier nach der Vorlage des Kreises aus Schritt 1 aus.

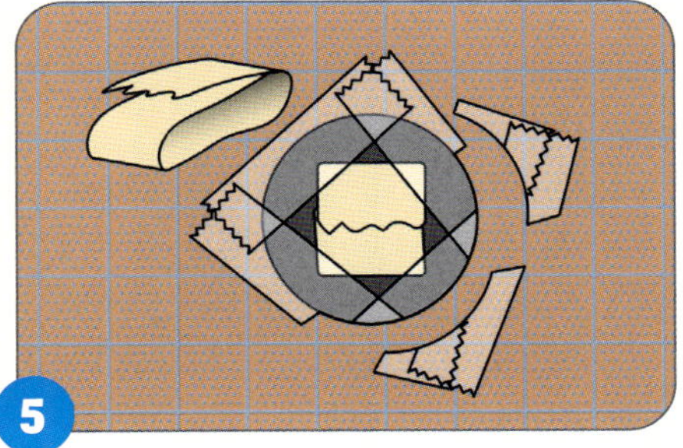

5 Nun brauchst du etwas Fingerspitzengefühl: Forme eine Schlaufe aus Malerkrepp mit der klebrigen Seite nach außen. Klebe diese auf den schwarzen Kreis. Klebe die Ecken der Schlaufe mit Klebefilm fest.

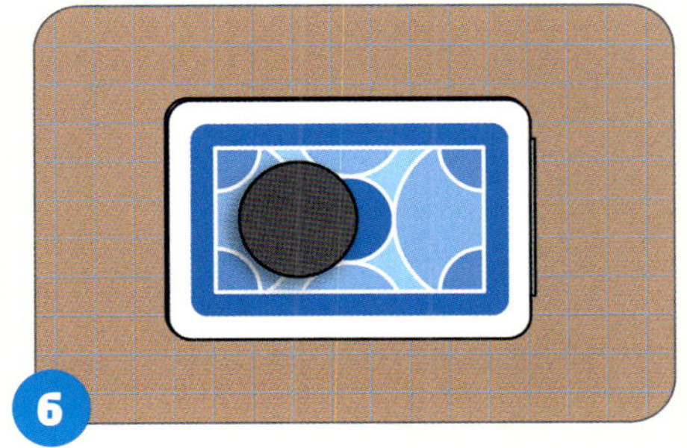

6 Klappe die doppelte Karte zu und klebe den schwarzen Kreis an die Stelle, wo sich das Loch befindet. Durch den Klebefilm auf der Unterseite des Kreises kannst du diesen leicht von der Karte ablösen.

Verloren im Weltraum

Jetzt ist es Zeit, dem Publikum deinen wagemutigen Kopiloten vorzustellen: Teddy Schweinske. Er ist ein richtiger Abenteurer und scheut keine Gefahr. Er ist schon oft mit dir durch die Weiten des Weltraums gereist. Gerade auf einer solch wichtigen Mission wie der Erkundung eines Schwarzen Lochs kannst du auf seine wertvolle Unterstützung nicht verzichten.

Das sehen deine Zuschauer:

1 Du holst die Spiegelbox hervor und klebst erst einmal das „Schwarze Loch" aus dem letzten Trick auf einen Deckel des geschlossenen Kastens.

2 Nun öffnest du die Deckel und drehst den Kasten hin und her, sodass das Publikum sehen kann, dass er vollständig leer ist.

3 Nun schließt du zunächst nur den vorderen Deckel und legst die Astronautenfigur von oben in den Kasten hinein.

4 Du schließt den oberen Deckel und drehst den Kasten einmal herum, sodass alle sehen können, dass es keine verborgene Tür auf der Rückseite des Kastens gibt.

5 Nun öffnest du beide Deckel: Der Kasten ist leer und der Astronaut ist verschwunden. Du drehst den Kasten wieder hin und her, um dein Publikum davon zu überzeugen.

Das ist dein Geheimnis:

Der Spiegel, der schräg in den Kasten eingebaut ist, macht die ganze Arbeit für dich. Der (leere) Boden der Box wird so vom Spiegel reflektiert, dass die Zuschauer das Bild im Spiegel für die Rückwand des Kastens halten. Darum sieht die Box immer leer aus, selbst wenn sich der Astronaut im Geheimfach hinterm Spiegel befindet.

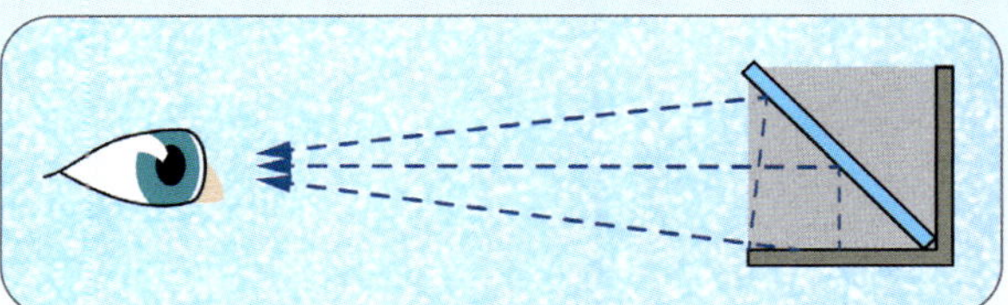

Wir nähern uns dem Schwarzen Loch [*du klebst den runden Fleck aus dem letzten Trick auf die Spiegelbox*]. Ein faszinierender Ort! Aber auf den ersten Blick ist nichts Ungewöhnliches zu erkennen [*du öffnest die Box und zeigst, dass sie „leer" ist*]. Das hier ist übrigens mein tapferer Kopilot Teddy Schweinske [*du zeigst die Astronautenfigur*], nach vielen gemeinsamen Weltraummissionen sind wir richtig gute Freunde geworden. Er wird die Erkundung des Schwarzen Lochs vornehmen [*du führst Schritt 3 vor*]. Ich bin ja sehr gespannt, was er herausfinden wird [*du drehst den Kasten herum*]. Oje, der Funkkontakt scheint abgebrochen zu sein! [*Du öffnest die Box: Sie ist leer.*]

Das brauchst du:

Das ist zu basteln:

1 Klebe die Spiegelfolie auf die Graupappe auf und schneide alles zurecht. Entferne aber die Schutzfolie noch nicht.

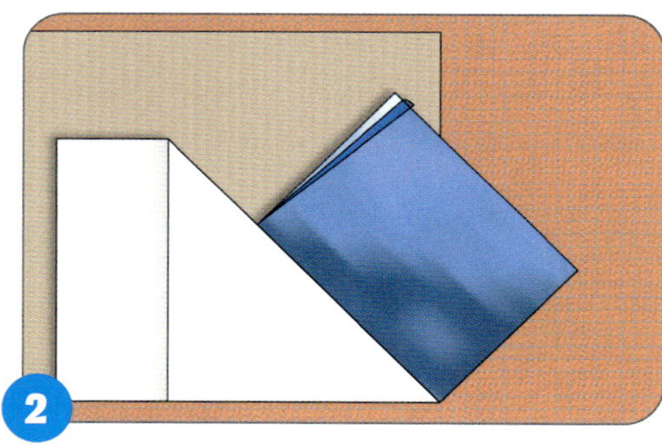

2 Falte ein Blatt Papier so, dass du einen 45-Grad-Winkel erhältst. Lege die lange Seite des Spiegels auf einem Stück Wellpappe an diesen Winkel an.

3 Zeichne dann an der langen Seite des Spiegels entlang einen Strich. Nutze diese Linie, um ein Quadrat zu zeichnen. Wiederhole diesen Vorgang.

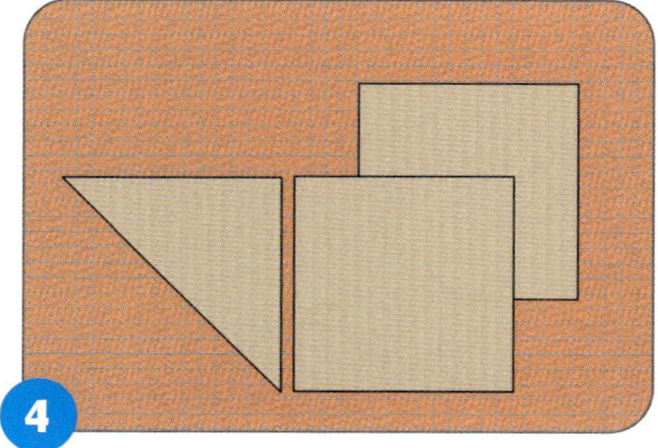

4 Schneide die so angezeichneten vier Dreiecke aus. Schneide zwei Quadrate aus Wellpappe aus, die so hoch wie die Dreiecke sind.

5 Klebe die Dreiecke auf die Quadrate, lass dabei einen Schlitz frei, in den der Spiegel eingeklemmt wird.

6 Miss die Breite des Spiegels mitsamt seinen Seitenwänden ab. Schneide dann sechs Rechtecke mit dieser Breite und der Höhe des Quadrats (Schritt 4 und 5) aus Wellpappe aus.

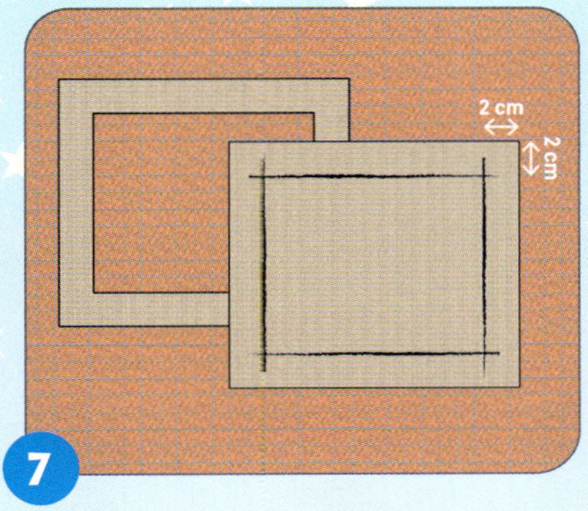

Zeichne auf zwei Rechtecke einen 2 cm breiten Rand auf. Schneide die inneren (kleinere) Rechtecke aus.

Male alle Teile, auch die Rückseite des Spiegels, mit matt-schwarzer Acrylfarbe an. Erst danach solltest du die Schutzfolie vom Spiegel abziehen.

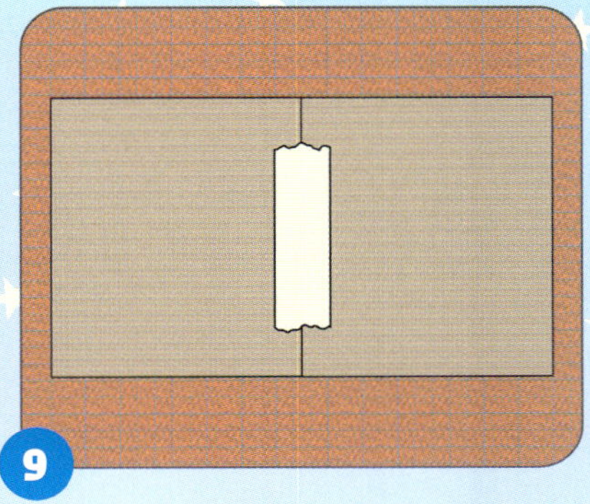

Klebe zwei Wellpappen mit den langen Seiten aneinander. Weil die Verbindung nach dem nächsten Schritt wieder gelöst wird, verwende am besten Malerkrepp.

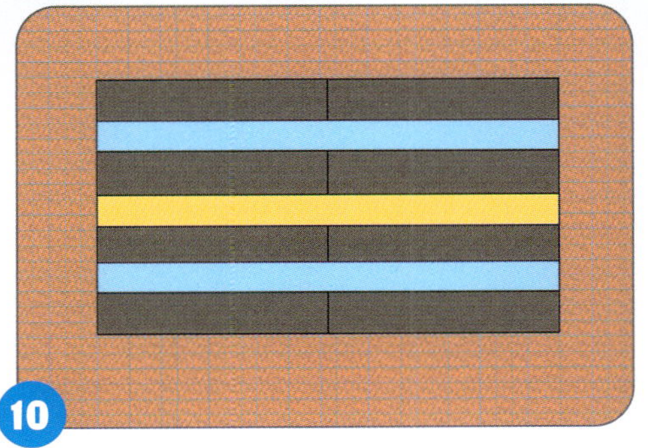

Drehe die aneinandergeklebten Wellpappen um und verziere sie mit Deko-Klebeband wie auf der Abbildung. Dabei ist es wichtig, dass die Linien genau parallel zu den Rändern laufen.

Schneide die Pappen nun wieder auseinander und löse auch das Klebeband von der Rückseite ab.

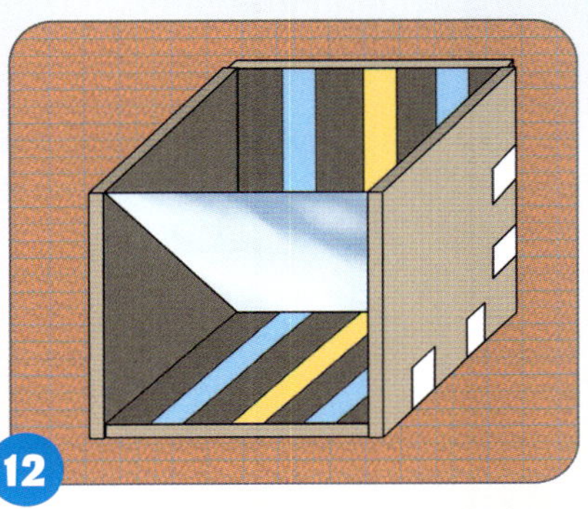

Klemme den Spiegel in die Schlitze der Quadrate aus Schritt 3 ein. Diese sind die Seitenwände der Schachtel. Klebe sie an die Rückwand und den Boden (die Wellpappen aus Schritt 11).

Klebe nun den vorderen und oberen Rahmen aus Schritt 7 an. Dazu kannst du am besten Klebefilm verwenden.

Dekoriere die Box und die beiden Deckel (die letzten beiden der sechs Rechtecke aus Schritt 4) mit Ton- oder Geschenkpapier.

Klebe die Deckel an der Rückseite und am Boden der Schachtel an. Verwende dazu farbig passendes Textilklebeband.

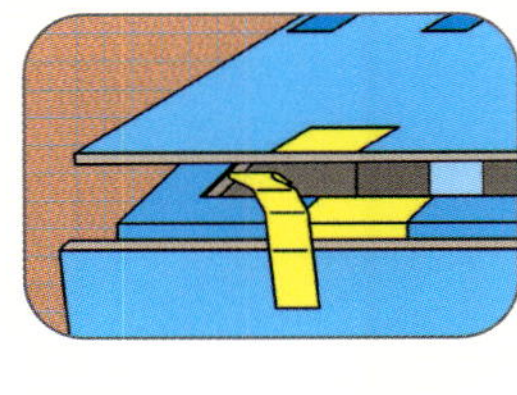

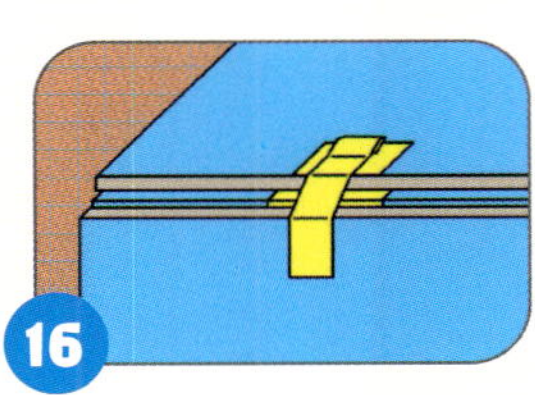

Verschließe die Box so mit Textilklebeband, dass sie sich öffnen und verschließen lässt.

Gerettet durch Teleportation

Teleportation gibt es eigentlich nur in Büchern und in Filmen. Dabei tut man so, als würde etwas oder jemand innerhalb von Sekunden von einem Ort an einen anderen transportiert. Meistens soll das Teleportieren angeblich durch Strahlen funktionieren.

Das sehen deine Zuschauer:

1 Du holst den „Teleporter“ hervor und ziehst die gelbe Röhre aus dem Kasten. Dann zeigst du, dass sie leer ist: Die Zuschauer können durch sie hindurchsehen.

2 Du stellst die gelbe Röhre zurück und zeigst nun, dass der viereckige Kasten leer ist: Die Zuschauer können durch ihn hindurchsehen.

3 Nun drehst du den „Teleporter“ einmal ganz um seine eigene Achse. So sehen die Zuschauer, das sich auch hinter dem Kasten nichts verbirgt.

4 Du gibst an, den Astronauten zurückzuteleportieren. Dann drehst du die gelbe Röhre so, dass im Fenster des Kastens die Zeichnung zu sehen ist.

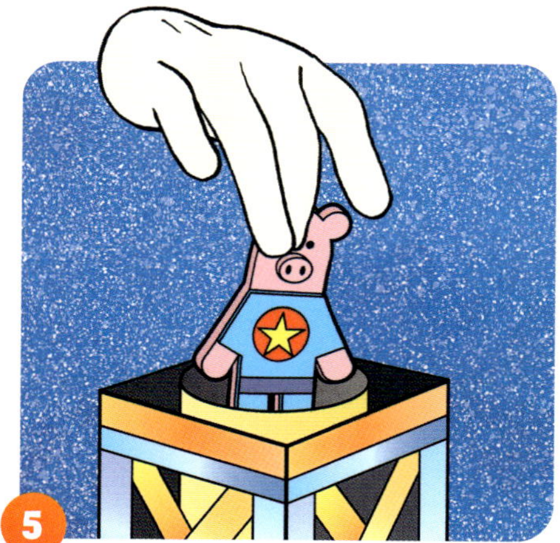

5 Gerade als die Zuschauer denken, dass du billig davonkommen wolltest, ziehst du den „echten“ Teddy Schweinske aus der gelben Röhre.

Das ist dein Geheimnis:

Erst einmal brauchst du einen zweiten Astronauten, der ganz genauso aussieht wie der aus dem vorausgegangenen Trick. Dazu bastelst du entweder Teddy Schweinske zweimal nach der Vorlage auf Seite 64. Oder du hast zwei kleine gleich aussehende Plüschtiere.
Den doppelten Astronauten hast du schon vor der Vorstellung in der inneren schwarzen Röhre versteckt. Die schwarze Röhre ist das zweite wichtige Geheimnis. Denn sowohl die gelbe Röhre als auch der viereckige Kasten sind auf der Innenseite schwarz. So ist die schwarze Röhre darin kaum zu entdecken.

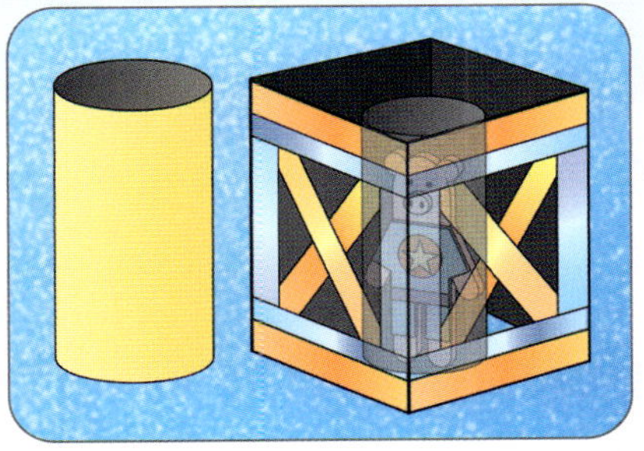

Wenn du die gelbe Röhre vorzeigst, verbirgt der Kasten die schwarze Röhre mit dem Astronauten.

Wenn du den Kasten vorzeigst, verbirgt die gelbe Röhre die schwarze Röhre mit dem Astronauten.

» Der arme Teddy! Verschollen im Schwarzen Loch! Jetzt muss ich mal schnell nachdenken, was sie uns auf der Weltraumakademie für den Notfall beigebracht haben ... ach, richtig, ich könnte ihn da herausteleportieren! Glücklicherweise gibt es eine Teleportationsmaschine an Bord [*du holst den Teleporter nach vorne*]. Noch ist es nicht zu spät, in der Maschine ist jedenfalls genug Platz [*du zeigst die leere gelbe Röhre, dann die leere viereckige Röhre – den Kasten*]. Wie stellt man die eigentlich an und wo ist hier der Schalter? [*du drehst den Kasten einmal herum, sodass alle sehen, dass er keine verborgenen Türen hat.*] So, jetzt geht's. Schon ist Teddy wieder da [*du drehst die gelbe Röhre so, dass das gekritzelte Astronautenbild von vorne durchs Fenster sichtbar wird*]. Aber so ganz scharf ist das Bild noch nicht ... [*nach einer kurzen Kunstpause holst du die Astronautenfigur aus der „unsichtbaren" schwarzen Röhre heraus*] ... aber da ist er ja wieder, der beste Kopilot der Welt!

Das brauchst du:

Vorlage für die Astronautenfigur: Seite 64

ZUM BASTELN

schwarzer Fotokarton (3 × DIN A4)

Deko-Klebeband (möglichst kein Washitape, das klebt nicht ausreichend fest)

gelbes und schwarzes Tonpapier (DIN A4)

FÜR DIE VORSTELLUNG

Teddy Schweinske (wie du ihn bastelst, erfährst du unten auf dieser Seite.)

Für den Astronauten: verschiedenes farbiges Moosgummi (möglichst dick, mindestens 3 mm, besser 5 mm)

So bastelst du Teddy Schweinske:

1 Schneide aus dem bunten Moosgummi alle Teile nach der Vorlage auf Seite 64 aus.

2 Klebe die Einzelteile auf die Vorder- und Rückseite des rosa Grundkörpers auf.

3 Male mit einem wasserfesten Filzstift das Gesicht; es sind nur wenige Punkte.

Das ist zu basteln:

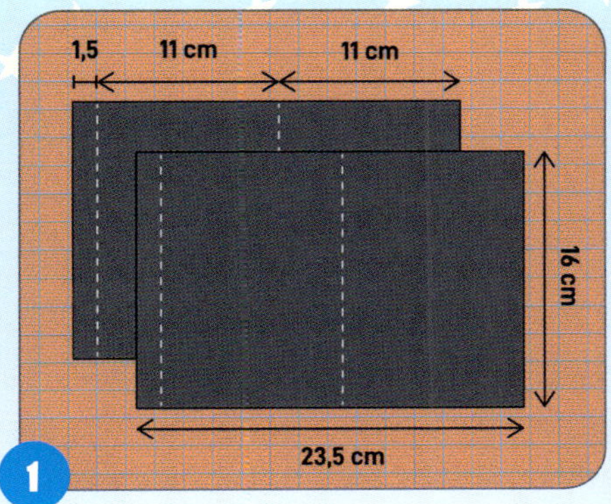

Schneide zwei je 23,5 × 16 cm große Rechtecke aus dem schwarzen Fotokarton zurecht. Markiere die Falze wie auf der Abbildung: 1,5 cm Kleberand, zweimal je 11 cm Breite.

Dekoriere die 11 × 16 cm großen Teilflächen mit dem Deko-Klebeband wie auf der Abbildung. Dabei ist es wichtig, dass du aus dem Muster später ein Fenster ausschneiden kannst.

Schneide nun aus einem der Teilrechtecke, die nicht am Kleberand liegen, ein Fenster aus: Schneide einfach die Dreiecke aus, die du nicht mit Klebeband beklebt hast.

Klebe nun die beiden Rechtecke aus Fotokarton mithilfe des Kleberands zu einem langen Rechteck aneinander

Falze die in Schritt 1 markierten Linien gut nach und klebe das Rechteck zu einer viereckigen Röhre zusammen.

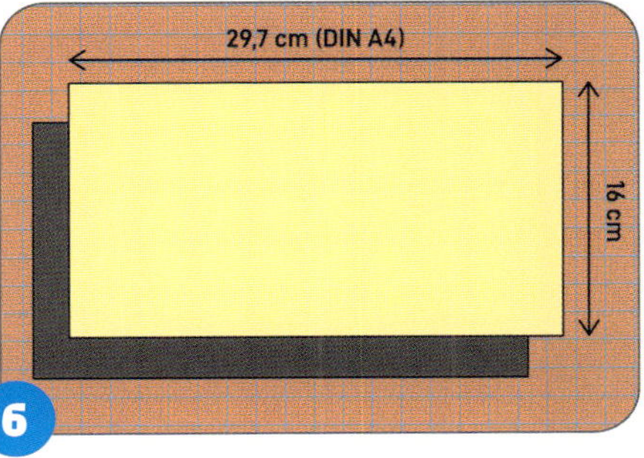

Schneide das gelbe und schwarze Tonpapier zurecht. Es sollen zwei je 16 × 29,7 cm große Rechtecke entstehen. 29,7 cm ist das Maß der langen Seite eines DIN-A4-Bogens. Klebe die Rechtecke aufeinander.

Male einen Astronauten (Teddy Schweinske) auf die gelbe Seite des doppelten Tonpapiers. Zeichne einen 1,5 cm breiten Kleberand an.

Klebe das doppelte Tonpapier zu einer Röhre zusammen.

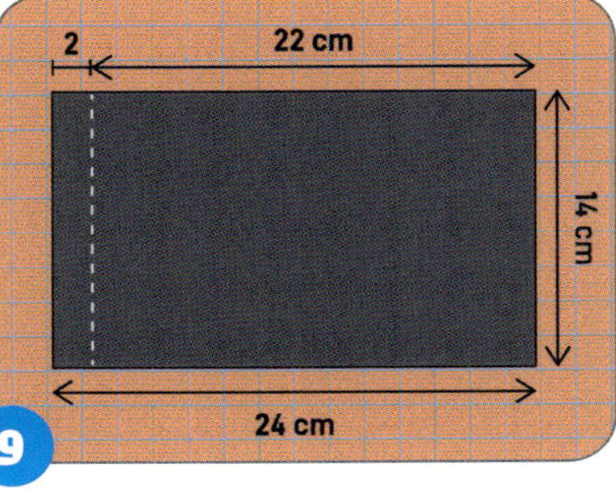

Schneide aus dem letzten Bogen Fotokarton ein 14 × 24 cm großes Rechteck aus und zeichne einen 2 cm breiten Kleberand an.

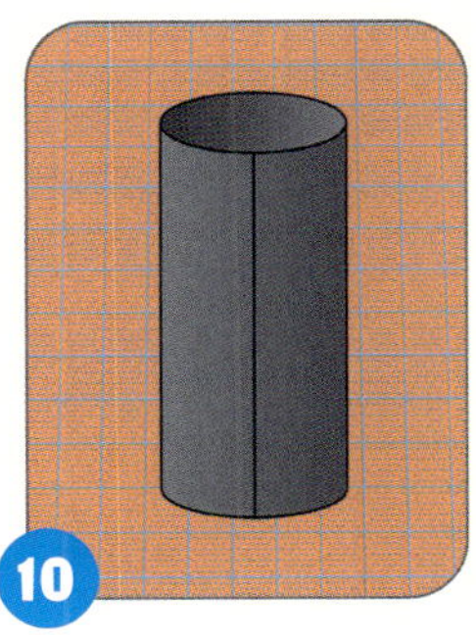

Klebe den schwarzen Fotokarton zu einer Röhre zusammen.

Zaubergeldschein zum Kopieren (Seite 10)

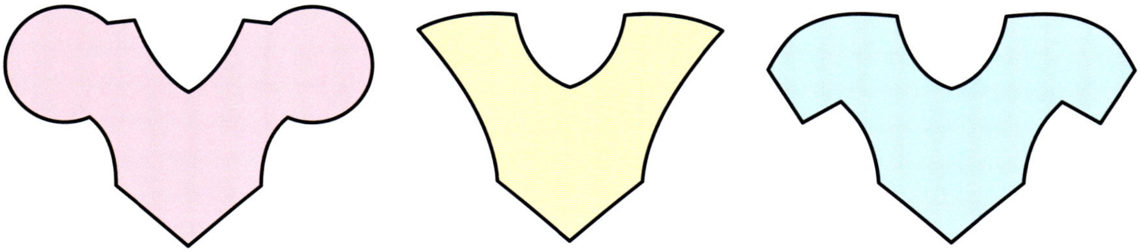

Aschenputtel-Kleider (Seite 36)

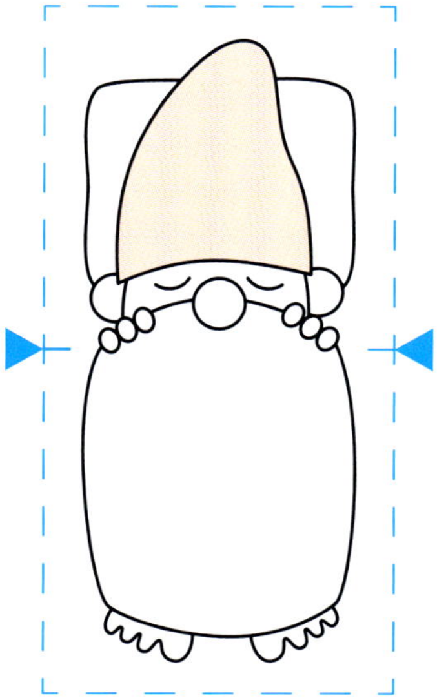

Zwergenbett (Seite 30)

Rumpelstilzchen und Simpelrunzchen (Seite 33)

Bild der bösen Königin: Vorlage für die Umrisse (Seite 28)

Rückwand für das Bild der bösen Königin (Seite 28)

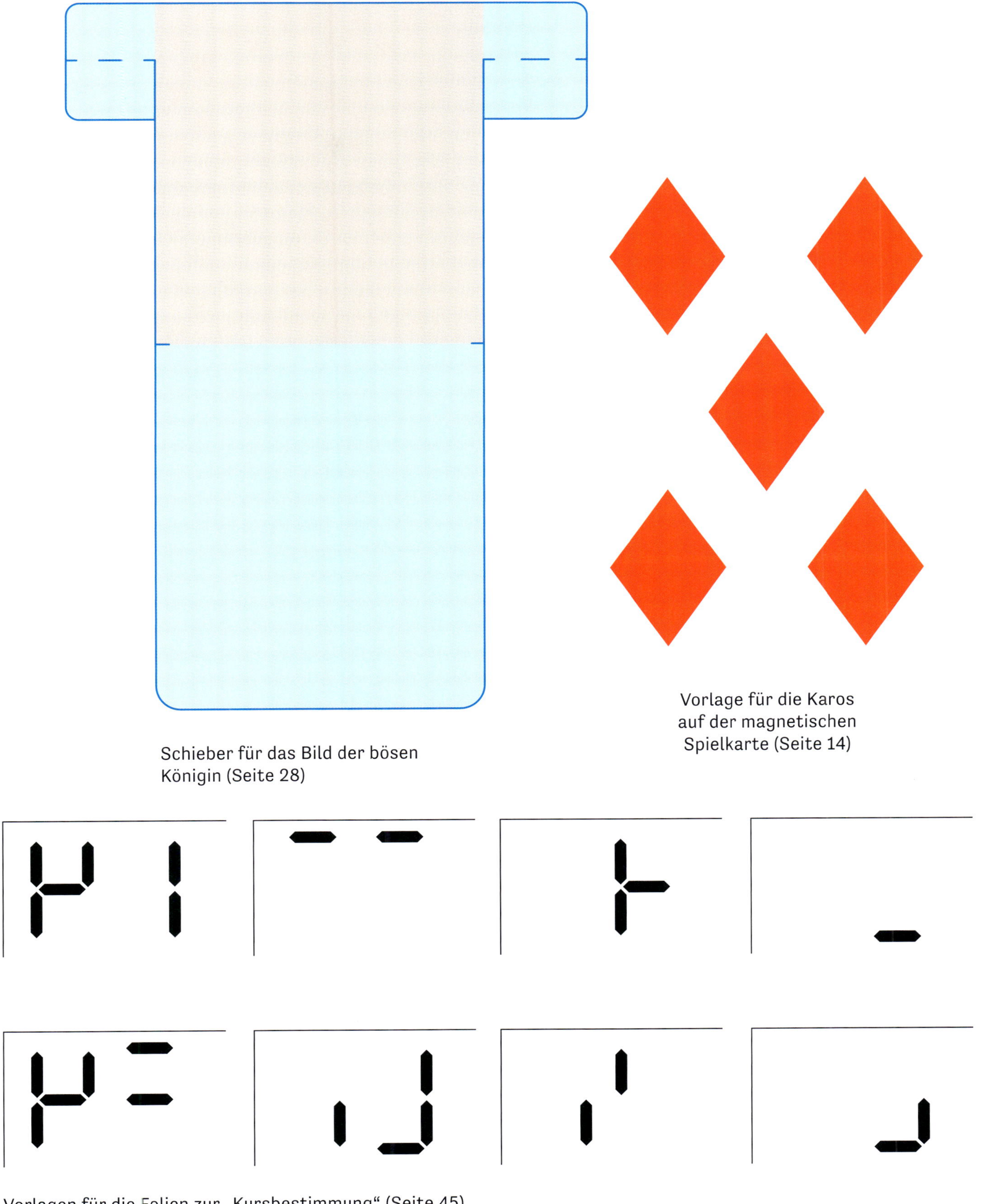

Schieber für das Bild der bösen Königin (Seite 28)

Vorlage für die Karos auf der magnetischen Spielkarte (Seite 14)

Vorlagen für die Folien zur „Kursbestimmung“ (Seite 45)

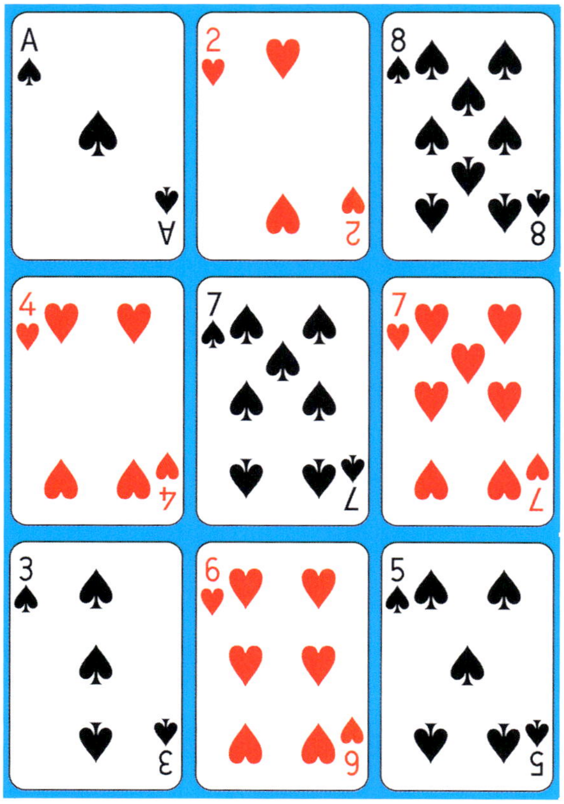

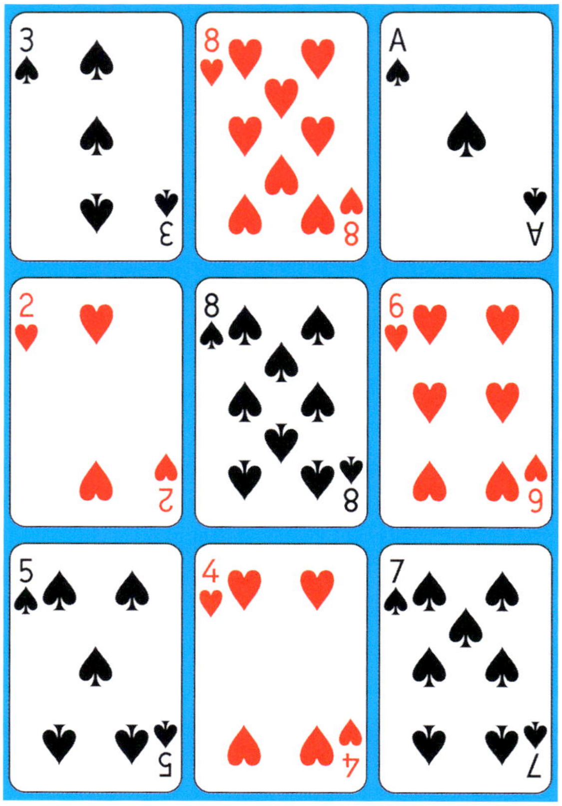

8 Karten zur „Kursbestimmung" (Seite 45)

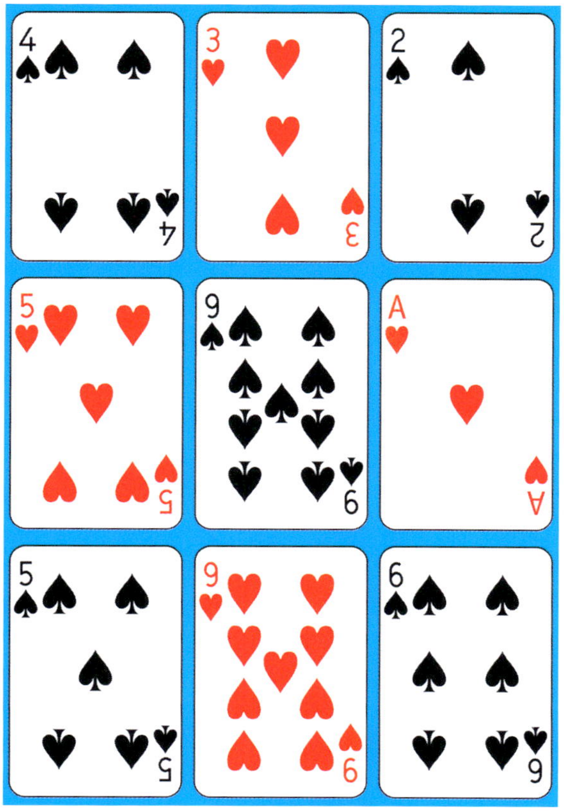

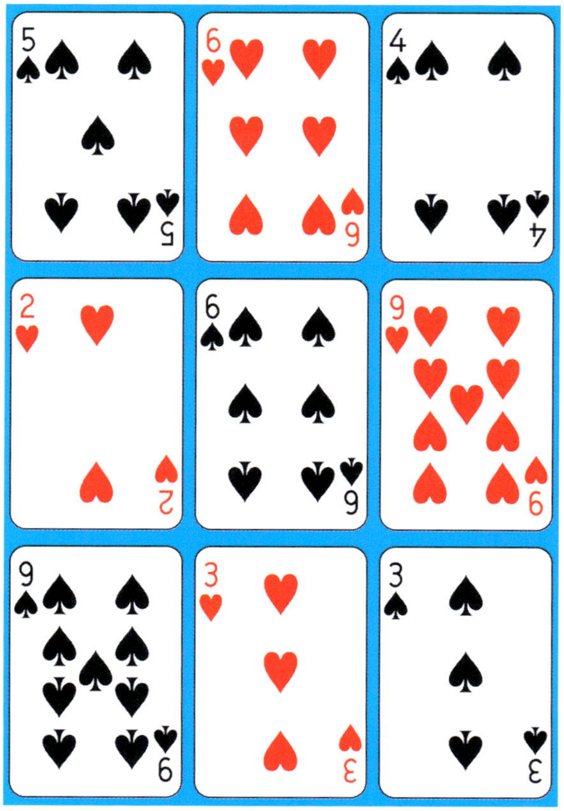